DEVENIR ADULTES

Susan Meredith

Conception: Roger Priddy

Illustrations: Sue Stitt,
Kuo Kang Chen et Rob McCaig

Editeurs: Robyn Gee et Cheryl Evans

Conseillers: Judy Cunnington du Marriage Guidance Council
et Fran Reader, obstétricien et gynécologue
au University College Hospital de Londres.

Traduction: Renée Chaspoul

Sommaire

Usborne House, 83-85 Saffron Hill, Londres, Angleterre.

Imprimé en Espagne.

A propos de ce livre

On grandit dès le premier jour de la naissance. De même qu'un bébé se développe et change pour devenir un enfant, il y a une période de la croissance, tout aussi importante, qui consiste à passer de l'enfance à l'âge adulte. C'est ce que l'on appelle l'adolescence, du mot latin *adolescere*, qui signifie grandir.

L'adolescence

Elle dure plusieurs années, à partir de l'âge de 11 ans ou un peu avant jusqu'à 18 ans ou un peu après. Elle entraîne toutes sortes de changements, qui affectent à la fois l'esprit et les sentiments (ce sont les changements psychologiques) et le corps (changements physiques). Cet ouvrage traite surtout des modifications physiques.

La croissance

Les premières pages sont consacrées à la croissance pendant l'adolescence et à la façon dont la voix et le corps vont se modifier.

La puberté

On appelle puberté les transformations physiques de l'adolescence, du mot latin *pubertas* qui signifie âge adulte. La plupart se situent dans les premières années de l'adolescence.

Les pages 8-9 donnent un aperçu des changements qui se produisent à la puberté, ce qui se passe et quand, et ils sont expliqués plus en détail dans les pages suivantes.

La sexualité et les bébés

Le changement le plus important est la possibilité d'avoir des enfants. Les pages 16 à 33 traitent donc de la reproduction, de la sexualité et de la contraception, qui permet d'éviter une grossesse non désirée.

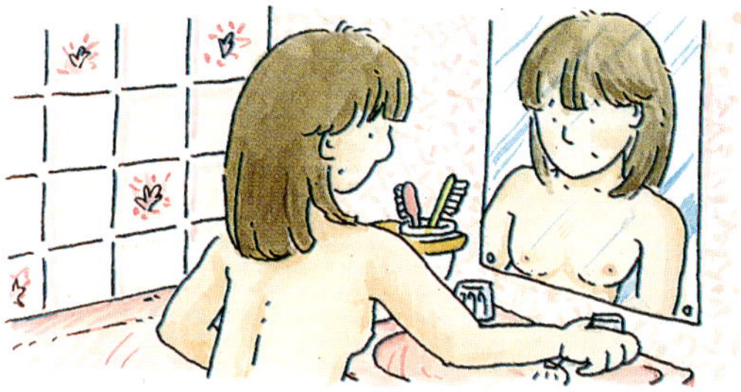

Les sentiments

Ce livre parle surtout des transformations physiques de l'adolescence, mais les sentiments tiennent aussi une place importante. La page 43 évoque les sentiments contradictoires de cette période de la vie.

Et aussi . . .

Vous trouverez également des renseignements sur les différentes influences auxquelles est soumis le corps, telles la nourriture et les drogues, pages 34-42. La page 44 est consacrée au SIDA.

Le glossaire des pages 45 et 46 donne la liste des termes techniques difficiles. Il comprend des mots qui ne sont pas dans le livre mais que l'on risque de rencontrer ailleurs.

La croissance

L'un des premiers changements de la puberté est que l'on grandit soudain très vite. Cette "poussée de croissance" est provoquée par des substances que l'on appelle des hormones, qui sont sécrétées par des glandes spéciales du corps.

Pendant cette poussée de croissance, on grandit aussi vite qu'à l'âge de deux ans. Un garçon peut ainsi prendre de 7 à 12cm en un an; une fille de 6 à 11 cm.

Voici donc quelques mots sur la croissance et à quel moment elle se termine.

Ces illustrations montrent la taille moyenne des hommes et des femmes à différents âges et quel est le pourcentage de leur taille par rapport à celle de l'âge adulte.
La poussée de croissance des filles se situe vers 10 ans et demi, celle des garçons vers 12 ans et demi donc, pendant un certain temps, les filles sont souvent plus grandes que les garçons. Mais ceux-ci se rattrapent vers 14 ans et ils continueront à grandir encore un peu alors que les filles auront presque fini.

Quelle taille?

Le tableau de droite vous permet de calculer quelle sera votre taille. Il donne le pourcentage de la taille définitive que l'on atteint aux différents âges de la puberté. Voici comment calculer:

$$\frac{\text{Taille actuelle (en cm)}}{\text{\% de la taille définitive}} \times \frac{100}{1}$$

Voici un exemple pour un garçon de neuf ans qui mesure 1,30 m (130 cm):

$$\frac{130}{75} \times \frac{100}{1} = \frac{520}{3} = 173{,}3$$

Ce garçon mesurera probablement 1,73 m à la fin de sa croissance.

Age	Pourcentage	
	Garçons	Filles
8	72%	77,5%
9	75%	80,7%
10	78%	84,4%
11	81,1%	88,4%
12	84,2%	92,9%
13	87,3%	96,5%
14	91,5%	98,3%
15	96,1%	99,1%
16	98,3%	99,6%
17	99,3%	100%
18	99,8%	100%
19	100%	100%

Ne pas oublier que tous les âges et les chiffres donnés dans ce livre représentent une moyenne. Le développement de la taille, tout comme les autres transformations de la puberté, varie suivant les individus. L'âge où l'on commence la poussée de croissance n'a aucun rapport avec la taille définitive. Celle-ci est déterminée principalement par l'hérédité. Certaines personnes n'ont pas du tout de poussée de croissance mais au contraire grandissent progressivement.

Le développement des os

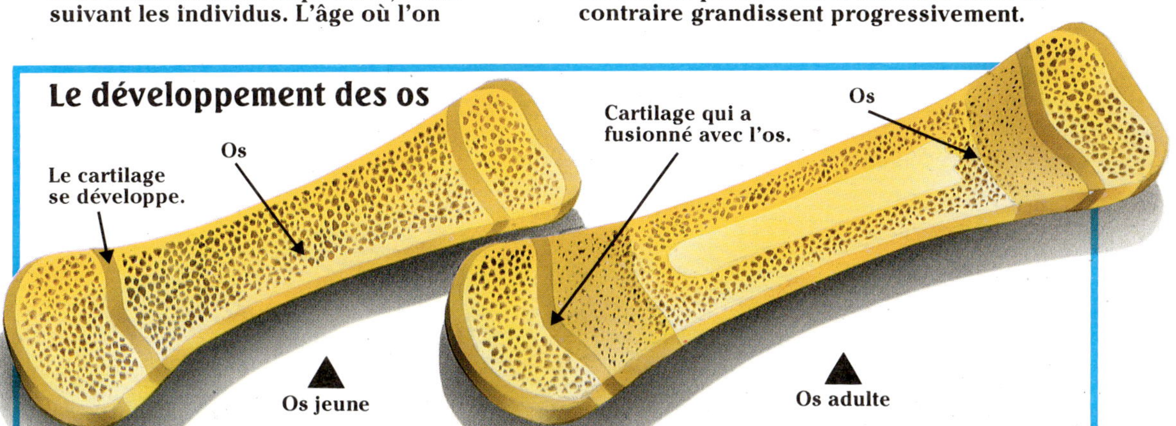

Les os longs tels que ceux des bras et des jambes contiennent à leurs extrémités une substance élastique, le cartilage. Les os s'allongent à mesure que le cartilage se développe. Sous l'influence des hormones sexuelles le cartilage finit par fusionner avec l'os et la croissance s'arrête. L'une des raisons pour lesquelles les femmes sont en général plus petites que les hommes est qu'elles atteignent leur maturité sexuelle plus tôt et ont donc ainsi moins de temps pour grandir.

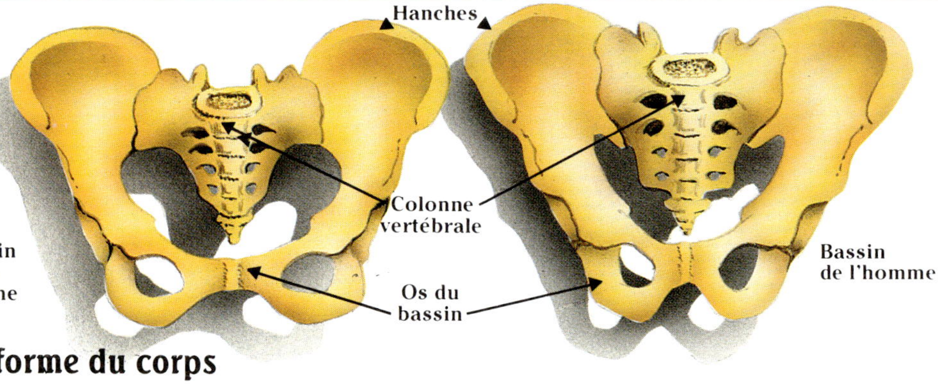

La forme du corps

La forme du corps change à mesure que l'on grandit. Les hanches des femmes se développent en même temps que les os du bassin s'élargissent, ce qui donne de la place pour la formation d'un bébé lors d'une grossesse. Quant aux hommes, ce sont en général leurs épaules qui s'élargissent, d'où leur force.

La voix qui mue

A mesure que le reste du corps se développe, le larynx grossit également, ce qui rend la voix plus grave. On dit que la voix mue. En général, elle se modifie très progressivement mais parfois elle change d'un coup. La voix des hommes est plus grave que celle des femmes parce que leur larynx est plus gros. Cela se remarque à la pomme d'Adam, qui ressort chez les hommes. A la puberté, les garçons sont parfois embarrassés parce que leur voix se casse brusquement. Cela se produit lorsque l'on n'arrive pas à contrôler les muscles du larynx.

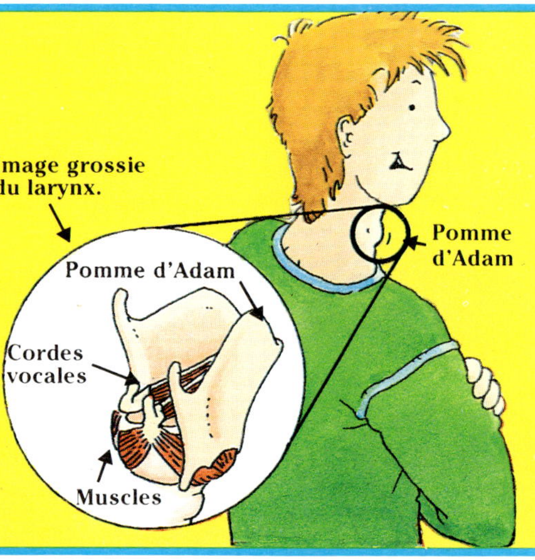

Les changements du visage

Durant la puberté, le visage change beaucoup; il s'allonge sous le crâne. Le nez et les mâchoires ressortent davantage et la ligne des cheveux recule. Le visage des garçons change plus que celui des filles.

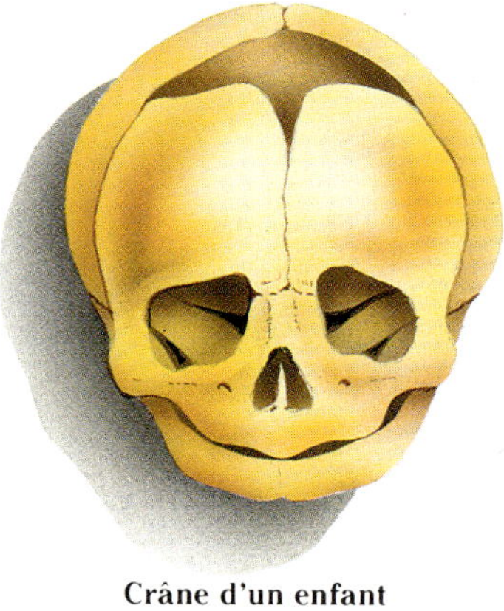
Crâne d'un enfant

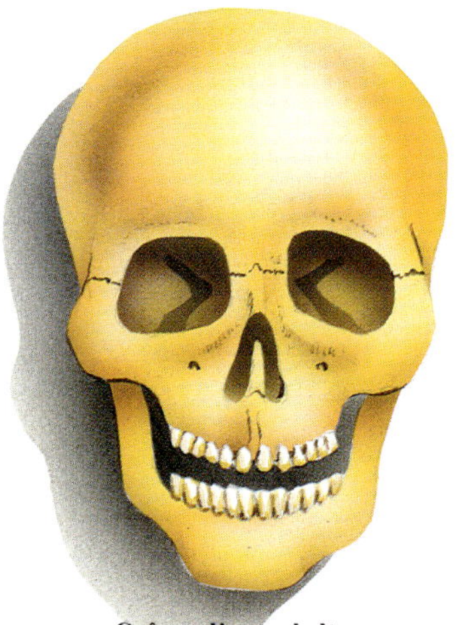
Crâne d'un adulte

Les muscles

◀ Pendant la croissance, les muscles grossissent et l'on devient plus fort. A la naissance, environ 20% du corps est formé de muscles. Ce chiffre passe à 25% au début de la puberté et atteint environ 40% à l'âge adulte. Les hommes ont tendance à avoir plus de muscles que les femmes proportionnellement à leur taille. Toutefois, la force ne correspond pas exactement à la taille des muscles et l'on paraît parfois plus fort qu'on ne l'est en réalité.

Pourquoi les hommes sont-ils plus forts que les femmes?

◀ En général, les hommes sont plus forts que les femmes et ils sont aussi plus résistants. Cela n'est pas dû seulement à la taille, à la forme du corps et aux muscles mais aussi parce que leur coeur et leurs poumons se développent davantage que ceux des femmes en proportion de leur taille. Les différences sont souvent accentuées par l'éducation, par exemple en encourageant les garçons à faire plus de sport que les filles. Mais les hommes n'en sont pas en meilleure santé que les femmes pour cela et en fait ces dernières vivent plus longtemps.

La silhouette "idéale"

◀ Certaines personnes s'inquiètent de ce qu'elles n'ont pas la taille ou la forme de corps qu'il faut. Cela est dû en partie à l'idée de silhouette "idéale", surtout pour les femmes, telle que la montrent la publicité, la télévision, les journaux et les magazines. En réalité, différentes personnes sont attirées par différents types de corps, et pourvu que l'on ne soit pas obèse ou trop maigre, il ne faut pas se faire de souci.

Un corp gênant . . .

▲ Lors de la poussée de croissance, les parties du corps ne se développent pas toutes en même temps. Les pieds et les mains grossissent d'abord, puis les bras et les jambes s'allongent et, environ un an après, le reste du corps se développe. D'où l'impression qu'ont certains adolescents, pendant cette période, d'avoir des pieds et des mains disproportionnés. Il est faux que la coordination se détériore à la puberté.

Que se passe-t-il à la puberté?

Lorsque l'on arrive à la puberté, le corps subit toute une série de transformations dont le but est de permettre d'avoir des enfants. La modification la plus importante est le développement des organes* génitaux, qui se mettent à produire des cellules** sexuelles spéciales à partir desquelles sont conçus les bébés. Certains de ces changements se font à l'insu de l'adolescent, car ils ont lieu à l'intérieur du corps. D'autres sont plus évidents. Les illustrations de droite montrent les principales transformations de la puberté.

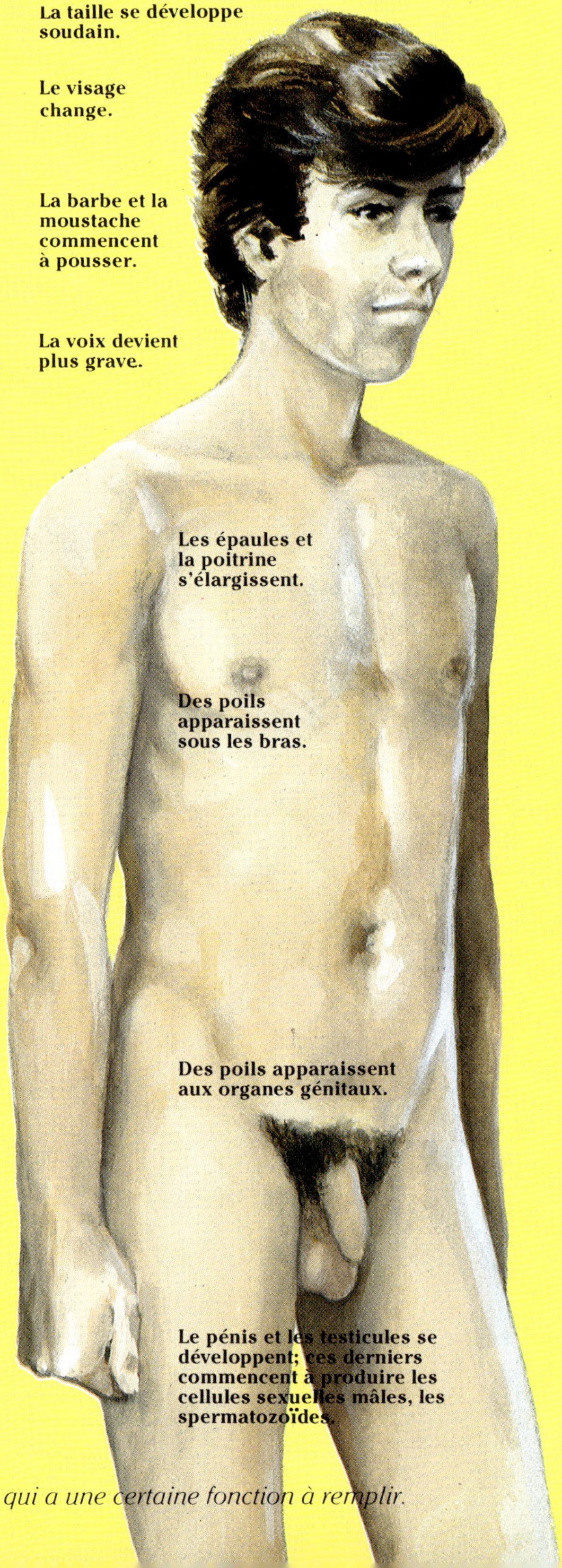

Les caractères sexuels secondaires

Quelques-unes des transformations de la puberté, comme la poussée de la barbe et le développement de la poitrine, n'entrent aucunement en jeu dans la conception des enfants. Ce sont des caractères sexuels secondaires, au contraire des organes génitaux qui sont des caractères primaires. Ils servent à attirer une personne du sexe opposé, en lui signalant que l'on est différent d'elle.

**Un organe est une partie quelconque du corps qui a une certaine fonction à remplir.*

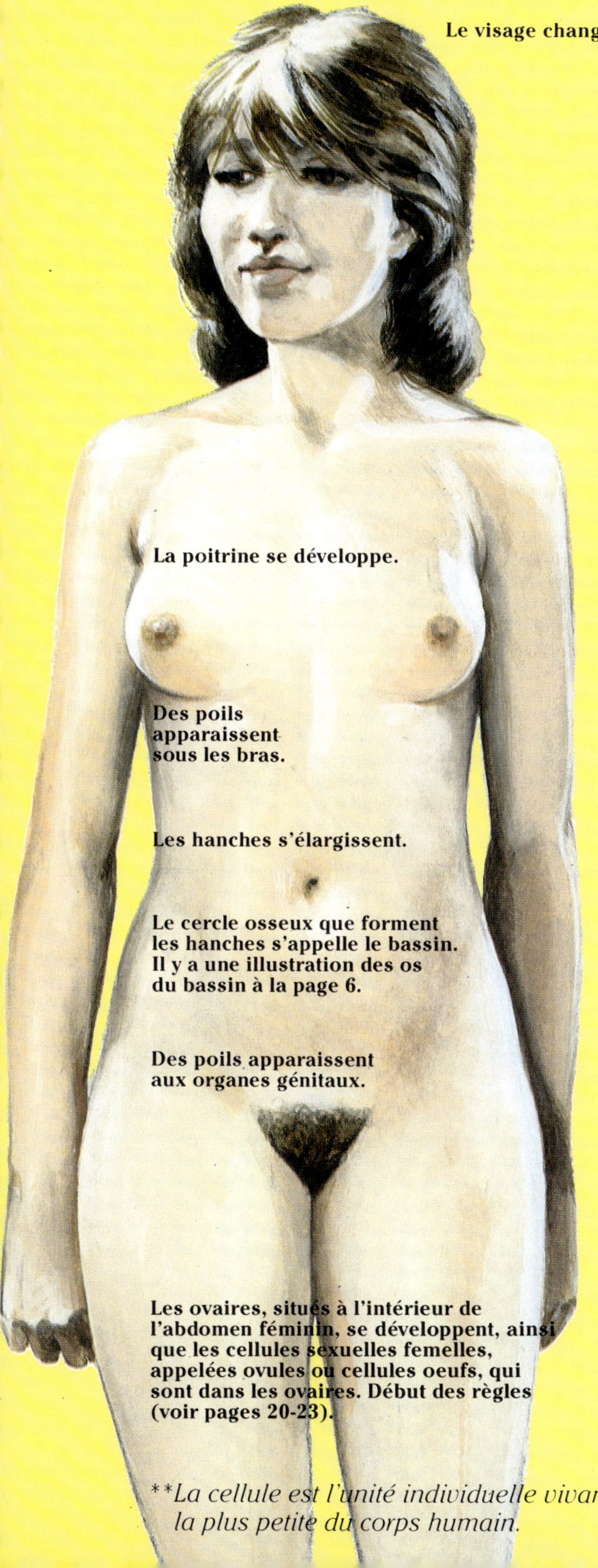

***La cellule est l'unité individuelle vivante la plus petite du corps humain.*

Quand commence la puberté?

L'âge auquel on atteint la puberté varie suivant le sexe et aussi suivant les individus. On parle généralement de 11 ans pour les filles et de 13 ans pour les garçons. Mais ceci n'est pas tout à fait juste car les filles peuvent entrer dans leur puberté n'importe quand entre 8 et 17 ans et les garçons entre 10 et 18 ans.

Ce grand écart de temps signifie que deux personnes du même âge peuvent être très différentes. Le développement physique de l'une sera peut-être terminé alors que celui d'une autre n'aura même pas commencé.

Cela peut provoquer quelque gêne et il est bon de rappeler que tout développement, qu'il soit précoce ou tardif, n'est en aucune façon anormal. De même l'un n'est pas "meilleur" que l'autre.

L'âge auquel on atteint la puberté n'a aucune influence sur l'adulte que l'on sera plus tard. Que la maturité du corps soit lente ou rapide, elle se poursuivra jusqu'au développement complet.

L'âge de la puberté est déterminé en grande partie par les caractères que l'on hérite de ses parents. La stature peut aussi jouer un rôle. Les personnes petites et trapues ont tendance à se développer plus tôt que les grandes et minces.

Comment commence la puberté

Les transformations du corps à la puberté ont toutes pour point de départ le cerveau; elles sont dues à des substances chimiques que l'on appelle des hormones. Pendant l'enfance, on possède seulement de petites quantités de certaines hormones du corps, et on ne sait pas exactement quel rôle elles jouent. A la puberté, le cerveau augmente le taux de ces hormones, et le corps produit les cellules sexuelles: les ovules et les spermatozoïdes. Le taux des autres hormones, appelées hormones sexuelles, s'élève aussi pour déclencher les autres transformations de la puberté.

Le cerveau et la puberté

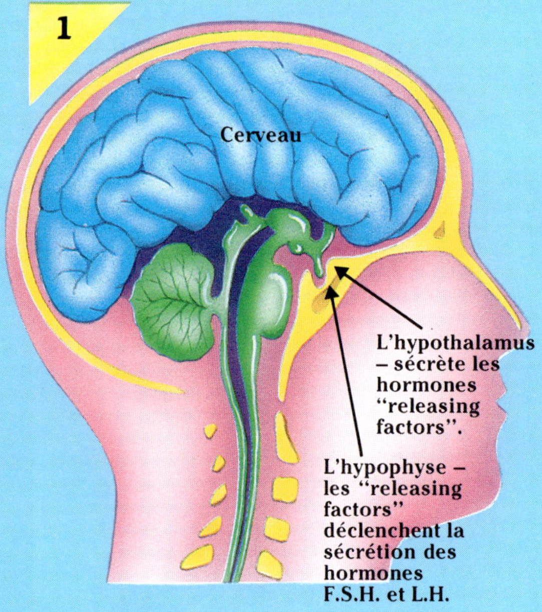

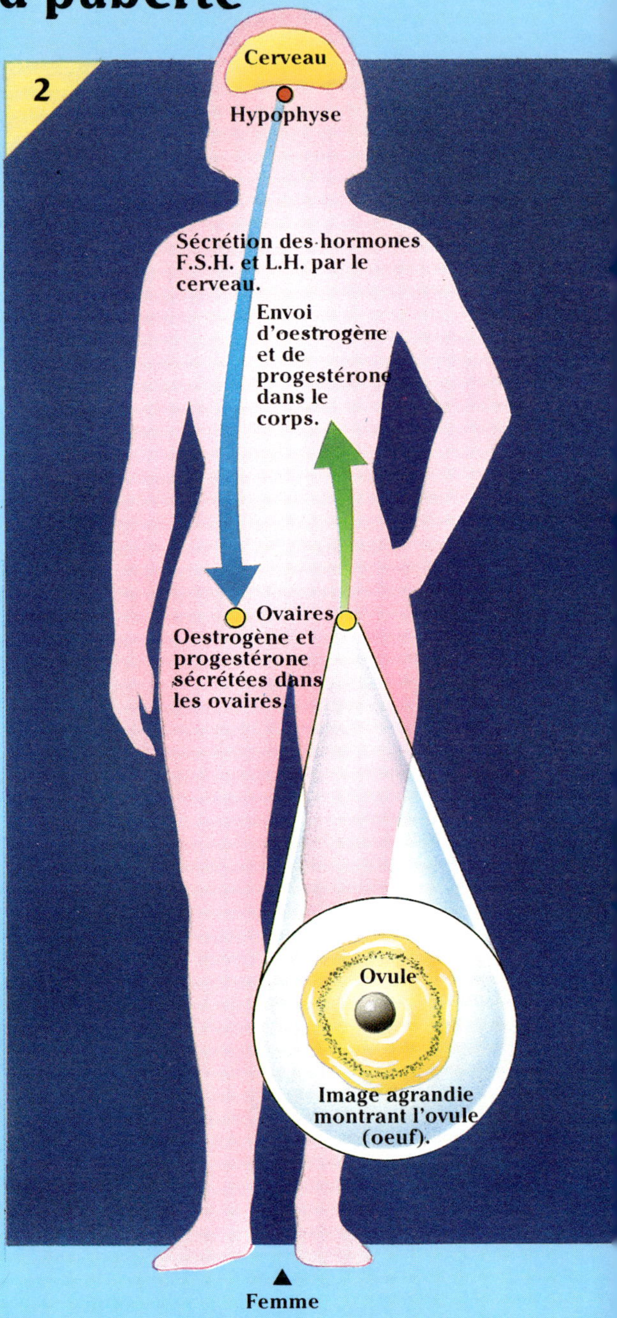

La puberté commence dans une partie minuscule du cerveau, l'hypothalamus. Lorsque celui-ci est suffisamment développé, il envoie des taux élevés d'hormones à une autre partie du cerveau, l'hypophyse. Les hormones sécrétées par l'hypothalamus sont appelées "releasing factors" car elles déclenchent la sécrétion par l'hypophyse d'un taux plus élevé de deux autres hormones, F.S.H. et L.H.

Ces hormones stimulent le développement des ovules dans les ovaires de la fille et des spermatozoïdes dans les testicules du garçon. Les ovaires et les testicules sécrètent à leur tour des hormones, ce sont les hormones sexuelles. Celles-ci favorisent le développement même des ovaires et des testicules et sont aussi à l'origine d'autres transformations plus évidentes de la puberté, telles que le développement de la poitrine chez les filles et la poussée de la

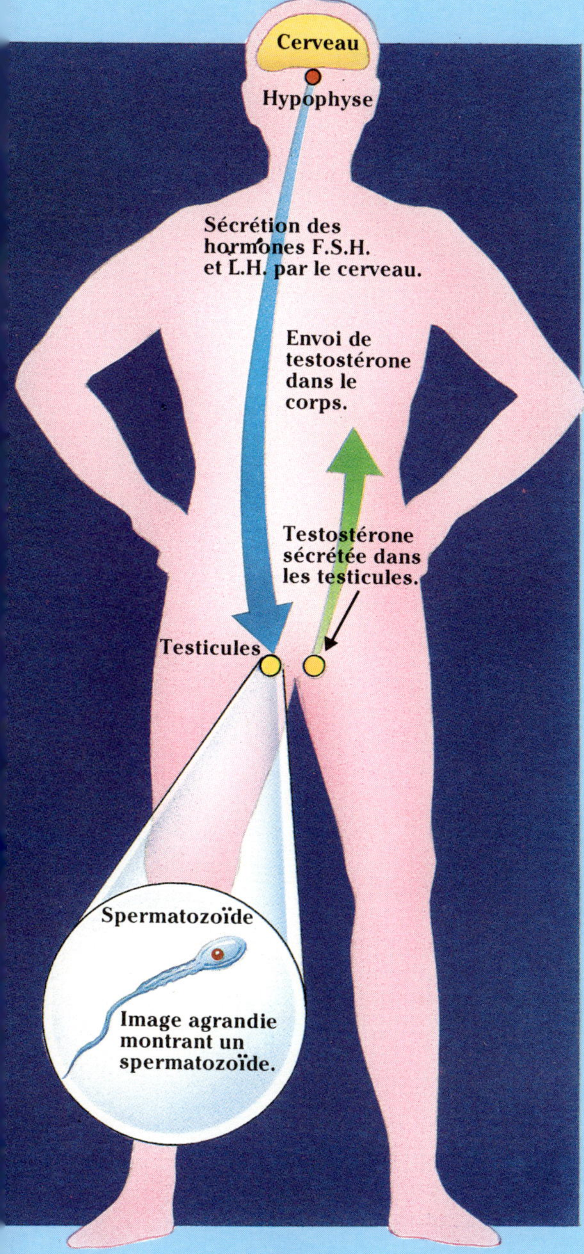

Homme

barbe chez les garçons. Les hormones sexuelles les plus importantes chez la femme sont l'oestrogène et la progestérone; chez l'homme, c'est la testostérone.

Les ovaires produisent non seulement des hormones sexuelles femelles mais aussi une faible quantité d'hormones mâles. De la même façon, les testicules sécrètent une petite quantité d'hormones sexuelles femelles en plus des mâles.

Qu'est-ce que les hormones?

1

Cette illustration montre des cristaux de l'hormone sexuelle mâle, la testostérone, qui ont été agrandis des milliers de fois*. La testostérone est à l'origine des transformations qui se produisent dans le corps masculin à la puberté. Il y a dans le corps humain de nombreux autres types d'hormones à côté de celles de la reproduction. L'adrénaline, par exemple, est une hormone qui prépare le corps à prendre des mesures d'urgence lorsque l'on a peur ou que l'on est en colère.

2

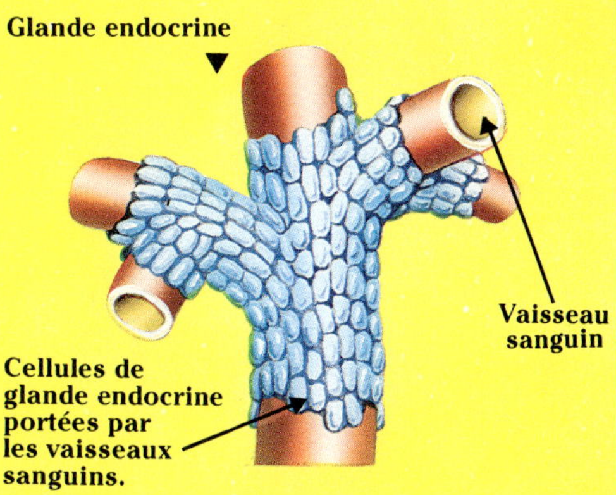

Les hormones sont produites dans des groupes de cellules que l'on appelle des glandes endocrines. L'hypophyse, par exemple, est une glande endocrine. Ces glandes se trouvent sur les vaisseaux sanguins. Les hormones traversent les parois minces des vaisseaux pour aller dans le sang, qui les fait circuler dans tout le corps. Chaque hormone agit sur une partie spécifique du corps.

*Dans le corps, les hormones se présentent sous forme de solution et sont grisâtres.

Le système pileux

A la puberté, des poils apparaissent à divers endroits du corps. L'homme est apparenté au singe et les poils datent de l'époque où il était complètement recouvert de poils épais. Le développement du système pileux au moment de la puberté est stimulé par les hormones sexuelles et c'est l'hérédité qui détermine si l'on sera très poilu ou non*

Les poils pubiens

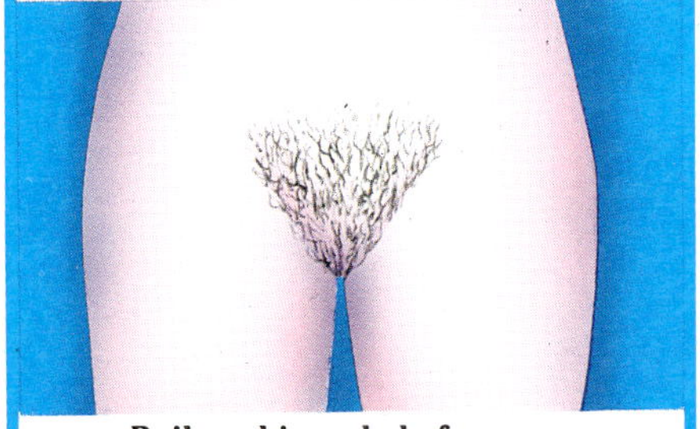

Poils pubiens de la femme

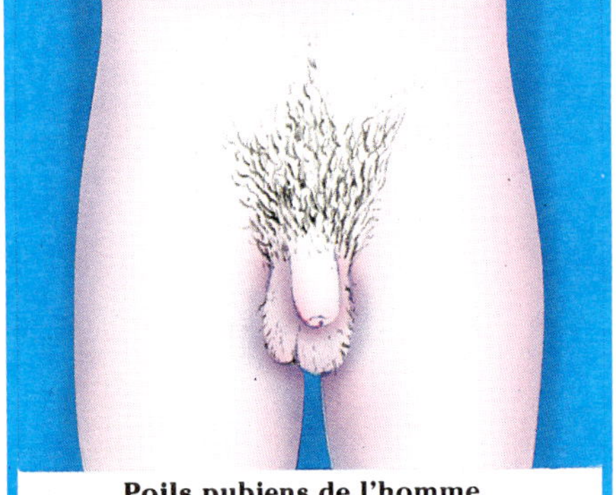

Poils pubiens de l'homme

Ce sont des poils qui poussent à la puberté autour des organes génitaux externes, ou appareil génital. Ils protègent l'os pubien en dessous et sont aussi un "caractère sexuel secondaire". Ils ne jouent aucun rôle dans la reproduction mais servent plutôt à attirer le sexe opposé.

Doux à l'origine, ces poils deviennent ensuite plus drus que les cheveux et ils sont souvent d'une couleur différente.

Les poils sous les bras

Ils poussent en général un an ou deux après l'apparition des poils pubiens. On n'en connaît pas vraiment l'utilité.

Dans certains pays, les femmes retirent ces poils, bien qu'il n'y ait aucune raison médicale pour agir ainsi car on n'en transpire pas moins et les poils repoussent vite. On peut les enlever avec un rasoir ou une crème épilatoire spéciale. Il faut bien suivre le mode d'emploi de la crème car la peau sous les bras est très délicate.

Les poils sur le corps

A la puberté, des poils apparaissent sur les bras et les jambes des femmes aussi bien que des hommes. Les hommes en ont aussi souvent sur la poitrine, l'abdomen, les épaules, le dos, les mains et les pieds. Ces poils se voient davantage chez l'homme que chez la femme car ils sont plus épais; de même s'ils sont noirs plutôt que clairs.

Un homme n'en est pas plus "viril" pour avoir davantage de poils, ou une femme plus masculine, et cela n'a aucun rapport avec les capacités sexuelles. Les poils sont quelque chose de naturel et de normal, mais de nos jours les femmes ont tendance à les enlever, en particulier sur les jambes. Ils repoussent, souvent plus épais qu'avant.

* *Pour en savoir plus sur les cheveux, reportez-vous à la page 42.*

La barbe

La poussée de la barbe et de la moustache chez les garçons est en général un des derniers changements de la puberté. Les poils apparaissent d'abord sur la lèvre supérieure, puis sur les joues et enfin sur le menton. Certains hommes ont des plaques imberbes sur le côté du menton.

Les poils deviennent de plus en plus drus et ils ne sont pas toujours de la même couleur que les cheveux. Certains spécialistes comparent la barbe à la crête du coq et c'est un caractère sexuel secondaire important.

Se raser

Les garçons sont parfois gênés lorsque leur barbe commence à pousser. Il n'est pas nécessaire d'attendre qu'elle soit épaisse pour se raser, mais rien ne vous y oblige non plus. Si vous décidez de vous laisser pousser la barbe, assurez-vous qu'elle est toujours propre.

Le plus rapide et le plus pratique est de se raser avec un rasoir électrique, mais beaucoup d'hommes trouvent qu'ils se rasent de plus près avec eau chaude, crème et lame. Il est aussi plus facile de se couper! En général, on se rase comme on vous le montre ici.

1

Commencez près d'une oreille et descendez vers le menton. Rasez-vous de haut en bas, dans le sens des poils.

2

Faites l'autre côté, sur la lèvre supérieure, puis sous le menton. Pour vous raser de plus près, allez de bas en haut.

Si vous raser vous irrite la peau, mettez un peu de talc après rasage.

Se raser avec l'eau chaude provoque la dilatation des pores. Pour qu'ils se referment, rincez à l'eau froide. Les lotions après-rasage astringentes donnent le même résultat mais elles piquent la peau et leur utilisation exagérée provoque son dessèchement.

Il n'est pas hygiénique de se servir du rasoir de quelqu'un d'autre (voir aussi page 44).

Les filles et les poils sur le visage

Les filles ont aussi souvent un duvet fin sur le visage, qui ne se remarque généralement pas. Si les poils sont foncés et que vous voulez les enlever, faites-le avec une crème spéciale ou faites-les teindre par une esthéticienne. Ne vous rasez pas, votre peau étant plus fragile que celle des hommes.

Quelques poils épars

Il arrive que des poils épars poussent à un endroit particulier du corps. Certaines personnes préfèrent les enlever avec une pince à épiler ou les couper, surtout s'ils sont sur le visage. N'épilez jamais un poil qui pousse sur un grain de beauté, coupez-le plutôt.

La poitrine

Le développement de la poitrine est l'une des transformations les plus importantes de la puberté chez les filles. Ce développement est provoqué par l'oestrogène, sécrétée par les ovaires, et il se situe vers 11 ans. Les mamelons grossissent en premier.

A mesure que la poitrine s'épanouit, il arrive que l'on éprouve une sensation d'inconfort. Aussi, l'un des seins peut se développer plus rapidement que l'autre. Cela s'arrangera plus tard, mais en fait les deux seins ne sont jamais exactement identiques.

L'âge auquel la poitrine se développe n'a aucune influence sur sa taille définitive, qui est atteinte vers 17 ans.

Etude d'un sein

Voici l'illustration d'un sein qui montre ses différentes parties et comment il fonctionne.

1

A la naissance d'un bébé, une hormone de l'hypophyse de la femme stimule la production du lait dans cette partie du sein. Le lait est composé de substances qui proviennent du sang de la femme lorsque celui-ci circule dans la poitrine.

2

Chaque sein contient de 15 à 20 tubes ou "canaux" semblables à celui-ci. Pendant l'enfance, ces tubes sont tout petits mais, à la puberté, ils s'élargissent et se ramifient. Lorsqu'une femme a un bébé, il y a montée de lait dans la poitrine, il s'écoule dans les canaux et y reste en réserve, à la disposition du bébé lorsqu'il en aura besoin.

3

Le mamelon est la partie la plus sensible des seins. Lorsqu'il est stimulé par des sensations telles que le toucher ou le froid, des petits muscles à la base provoquent son érection.

La forme des mamelons varie. Il arrive qu'ils soient tournés vers l'intérieur au lieu de pointer vers l'extérieur.

Lorsqu'un bébé tète le sein de sa mère, une hormone de l'hypophyse provoque l'écoulement du lait des canaux dans les trous microscopiques du mamelon.

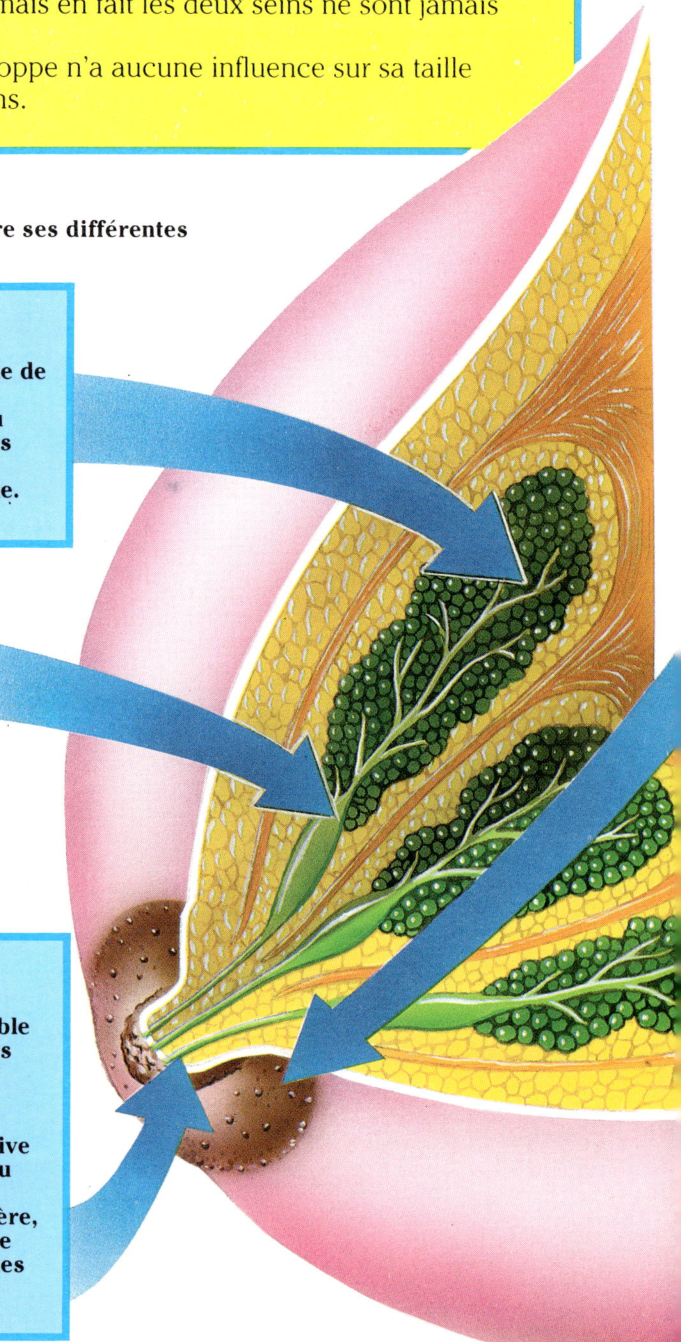

A quoi sert la poitrine?

La poitrine sert surtout à produire le lait destiné à nourrir le bébé qu'aura peut-être un jour la femme. C'est aussi un caractère sexuel secondaire important: elle attire les hommes et est sensible au toucher, ce qui augmente le plaisir sexuel de la femme.

4

La partie située autour du mamelon s'appelle l'aréole. Sa couleur varie du rose au marron foncé, et elle fonce en vieillissant ou lorsque la femme est enceinte.

Les petites boules sur l'aréole sont des glandes. Lors de l'allaitement ces glandes produisent une substance grasse qui sert à protéger les mamelons.

Il y a quelquefois des poils sur l'aréole, que l'on peut épiler ou couper.

5

Tandis que les canaux qui amènent le lait s'élargissent à la puberté, il se forme de la graisse (tissu adipeux) qui leur sert de coussin protecteur. C'est la quantité de graisse dans la poitrine qui détermine sa taille.

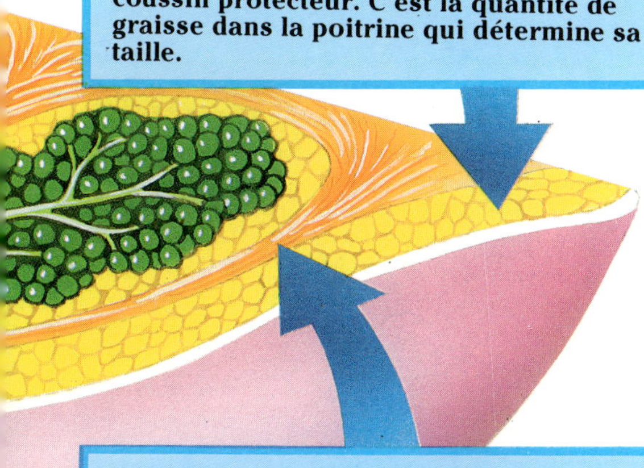

6

Les canaux sont séparés les uns des autres par des fibres élastiques. Celles-ci ont tendance à s'étirer en vieillissant, et la poitrine "tombe".

La taille de la poitrine

Les femmes s'inquiètent souvent de ce que leur poitrine est trop petite ou trop grosse. De même que pour la silhouette du corps, cela est dû à l'image "idéale" que donnent les médias. En fait, comme c'est la graisse et non les parties liées à l'allaitement qui détermine la taille de la poitrine, des seins de n'importe quelle grosseur peuvent nourrir un bébé. Leur taille n'influence pas non plus leur sensibilité et les goûts des hommes varient.

La poitrine des garçons

A la puberté, la poitrine de certains garçons semble aussi se développer. Il n'y a pas lieu de s'inquiéter, cela ne veut pas dire que l'on change de sexe, et la "poitrine" disparaîtra dans les 18 mois qui suivent, lorsque la production des hormones se sera équilibrée.

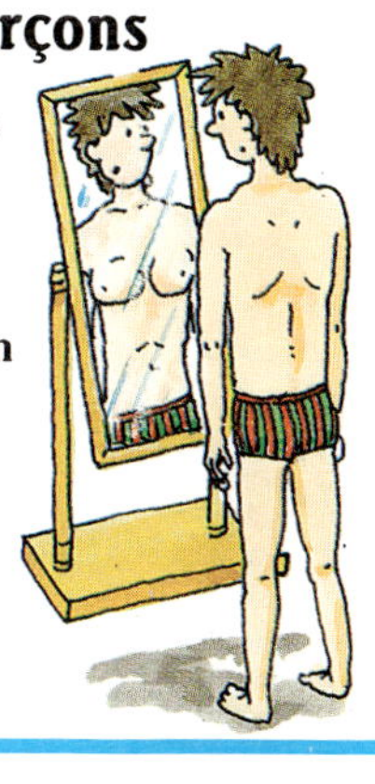

Les soutiens-gorge

Libre à vous de porter un soutien-gorge ou non. Si vous êtes bien sans, aucune raison médicale ne vous oblige à en porter un. Le fait que les fibres élastiques s'étirent et que la poitrine tombe en vieillissant est naturel et le port d'un soutien-gorge n'arrête pas le processus. Toutefois, le poids de seins lourds risque de déchirer les fibres ou de les étirer prématurément, donc il est préférable de porter un soutien-gorge si on a une forte poitrine. Il est aussi plus confortable d'en porter un lorsqu'on fait du sport.

L'achat du soutien-gorge

Lorsqu'on achète un soutien-gorge, il faut connaître la taille de sa poitrine et celle des bonnets.

1. **Pour la taille de la poitrine, mesurez juste sous les seins, autour de la cage thoracique, et ajoutez 12 cm.
Ex: 68 cm + 12 cm = taille 80 cm.**

2. **Pour connaître la taille des bonnets, mesurez de nouveau là où les seins sont le plus gros. Si c'est comme ci-dessus, c'est un bonnet A; s'il y a une différence de 2,5 cm, c'est un bonnet B; une différence de 5 cm nécessite un bonnet C.**

Les exercices servent-ils à quelque chose?

Aucun exercice ne peut augmenter la taille des seins car le sport développe les muscles et il n'y a pas de muscle dans la poitrine.

Les exercices qui font travailler les muscles pectoraux, telle la natation, renforcent ces muscles, qui seront donc plus aptes à soutenir les seins.

L'appareil génital de la femme

Le développement des parties sexuelles est en fait le principal changement de la puberté. C'est ce qui permet éventuellement d'avoir des enfants. Les filles ne se rendent pas beaucoup compte de ces transformations car la plupart ont lieu à l'intérieur de leur corps.

L'illustration de droite montre les organes génitaux externes de la femme.

Les organes internes féminins se trouvent aux pages 18-19 et l'appareil génital masculin aux pages 24-25.

Les organes génitaux de la femme sont moins apparents que ceux de l'homme.

La vulve: c'est l'ensemble des organes génitaux externes de la femme, du mot latin *vulva*, ouverture. Vous en voyez à droite les différentes parties. Vous pouvez étudier votre vulve dans un miroir. Ne vous inquiétez pas si elle ne ressemble pas tout à fait à l'image du livre; les organes génitaux externes, comme les autres parties du corps, varient selon les individus.

1

Les grandes lèvres: ce sont deux plis épais de peau, constitués de graisse et recouverts de poils pubiens. Elles sont généralement fermées pour protéger les parties internes de la vulve.

2

L'orifice urinaire: c'est l'orifice externe de l'urètre, le tube qui part de la vessie pour aboutir à l'extérieur du corps; c'est par là qu'est évacuée l'urine.

3

Le Mont de Vénus ou pénil: c'est un amas de tissu adipeux qui protège l'os pubien en dessous. Il est recouvert de poils.

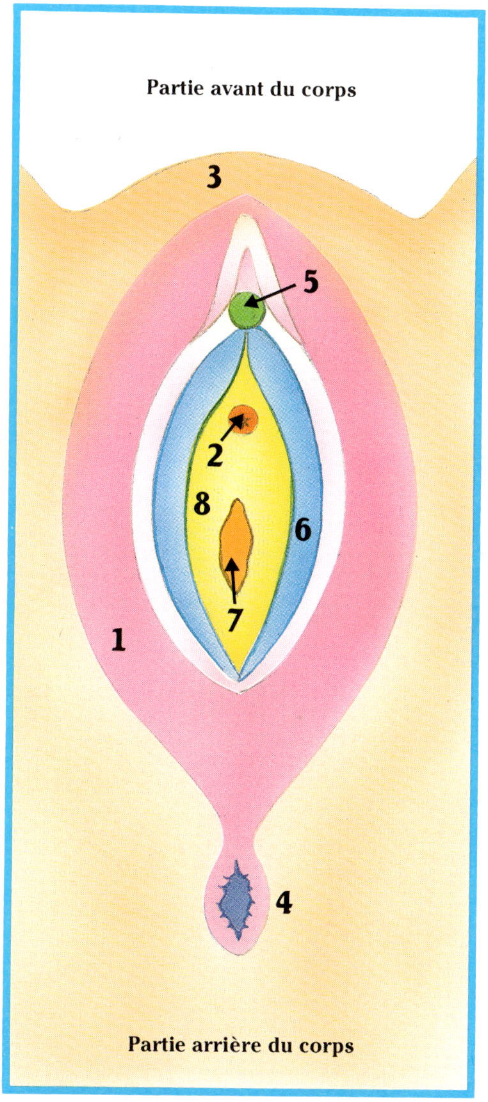

4

L'anus: c'est l'orifice à l'extrémité du système digestif, qui permet d'évacuer les déchets du corps lorsqu'on va aux toilettes.

5

Le clitoris: c'est la partie la plus sensible du corps féminin. C'est l'équivalent du pénis masculin, mais il a la taille d'un petit pois. Cette taille varie d'ailleurs suivant les femmes et elle n'a pas de rapport avec la sensibilité. Seul le bout du clitoris est visible; il est couvert d'un repli de peau, formé par la rencontre des petites lèvres à l'avant de la vulve.

6

Les petites lèvres: elles sont plus fines que les grandes lèvres et ne présentent pas de poils. Lors de la croissance, elles deviennent de plus en plus sensibles au toucher. Des glandes dans les lèvres produisent un liquide lubrificateur. Les lèvres de gauche et de droite sont rarement de la même grosseur et quelquefois les petites lèvres se voient entre les grandes.

7

L'orifice vaginal: c'est l'entrée du vagin, le conduit qui aboutit aux organes génitaux internes. C'est par là que s'écoule le sang des règles (voir page 20), là que se glisse le pénis lors des rapports sexuels (voir page 27) et les bébés passent aussi par ce conduit à la naissance. C'est une petite ouverture, mais elle s'élargit sans douleur.

8

L'hymen: c'est une membrane qui obstrue partiellement l'orifice vaginal. A mesure que le vagin se développe pendant la puberté, l'hymen se déchire peu à peu. Il arrive qu'il soit déchiré avant la puberté, surtout si l'on fait beaucoup de sport. Même si l'hymen semble encore intact, il présente des petits trous qui laissent passer le sang des règles.

Les organes génitaux internes de la femme

L'illustration de droite donne une vue frontale en même temps qu'intérieure des organes génitaux internes de la femme. Comme le reste du corps, ces organes se développent considérablement à la puberté. Par exemple, l'utérus (ou matrice) peut prendre jusqu'à 44 g de poids en plus.

1

Les ovaires: la femme a deux ovaires. Ils sont situés en bas de l'abdomen, un de chaque côté, et reliés à l'extérieur de l'utérus par des fibres. Des ovaires complètement développés ont à peu près la forme et la taille d'une noix sans coquille.

A sa naissance, une fille possède déjà des centaines de milliers d'ovules (cellules oeufs) emmagasinés dans ses ovaires. A la puberté, grâce aux hormones F.S.H. et L.H. sécrétées par l'hypophyse, ces ovules mûrissent et sont libérés par les ovaires. En principe, les deux ovaires libèrent chacun à leur tour un ovule par mois. C'est ce que l'on appelle l'ovulation. Ce processus se poursuit jusque vers 50 ans. Lorsqu'il s'arrête, on arrive à la ménopause.

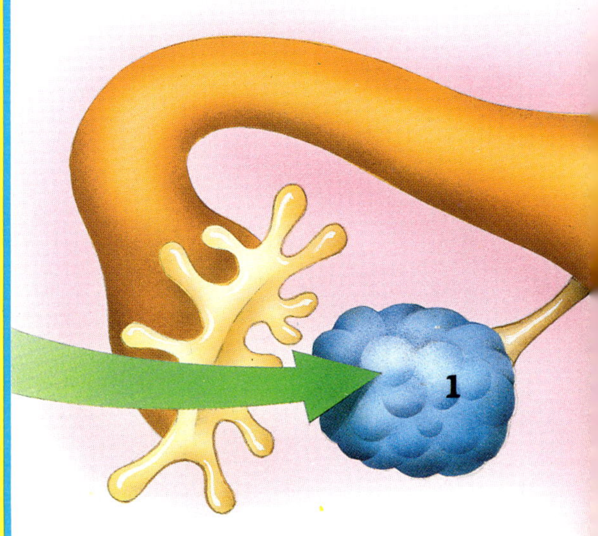

Où se trouvent les organes génitaux internes?

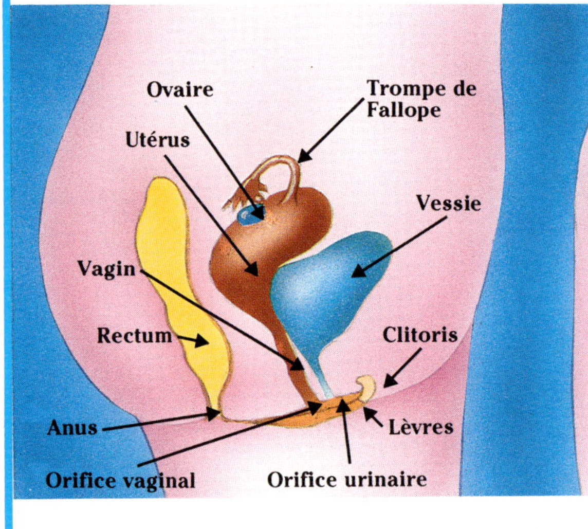

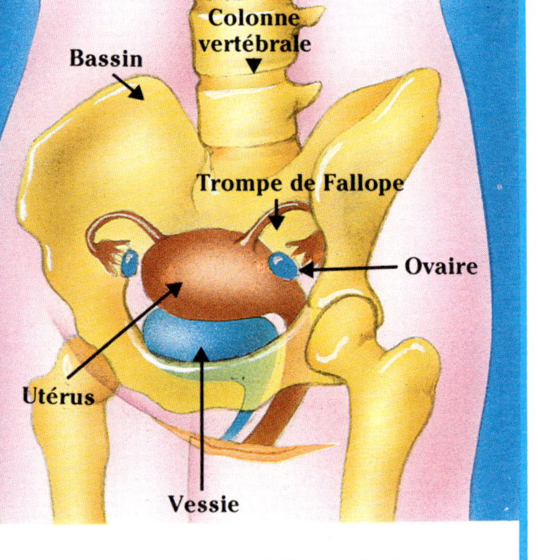

Les deux illustrations ci-dessus montrent la position des organes génitaux de la femme dans l'abdomen. A gauche on a une vue latérale, qui indique la position des organes par rapport à la vessie et au rectum (qui aboutit à l'anus) et comment ils sont reliés aux organes externes décrits à la page précédente. L'illustration de droite montre comment les organes, en particulier l'utérus, sont protégés par les os du bassin.

2

Les trompes de Fallope ou trompes utérines: ce sont des conduits musculaires d'environ 12 cm de long et de l'épaisseur d'un crayon. La partie creuse n'est pas plus large que la mine d'un crayon.

Lorsque l'ovaire libère un ovule, celui-ci est attiré dans la trompe la plus proche, qui l'aspire grâce à son extrémité pourvue de franges. Les parois musculaires de la trompe et les petits "cils" qui la tapissent font progresser l'ovule jusqu'à l'utérus.

C'est pendant que l'ovule est dans la trompe utérine que la femme peut concevoir si elle a des rapports sexuels, grâce à la fécondation de l'ovule par un spermatozoïde. Vous trouverez des explications à ce sujet à la page 30.

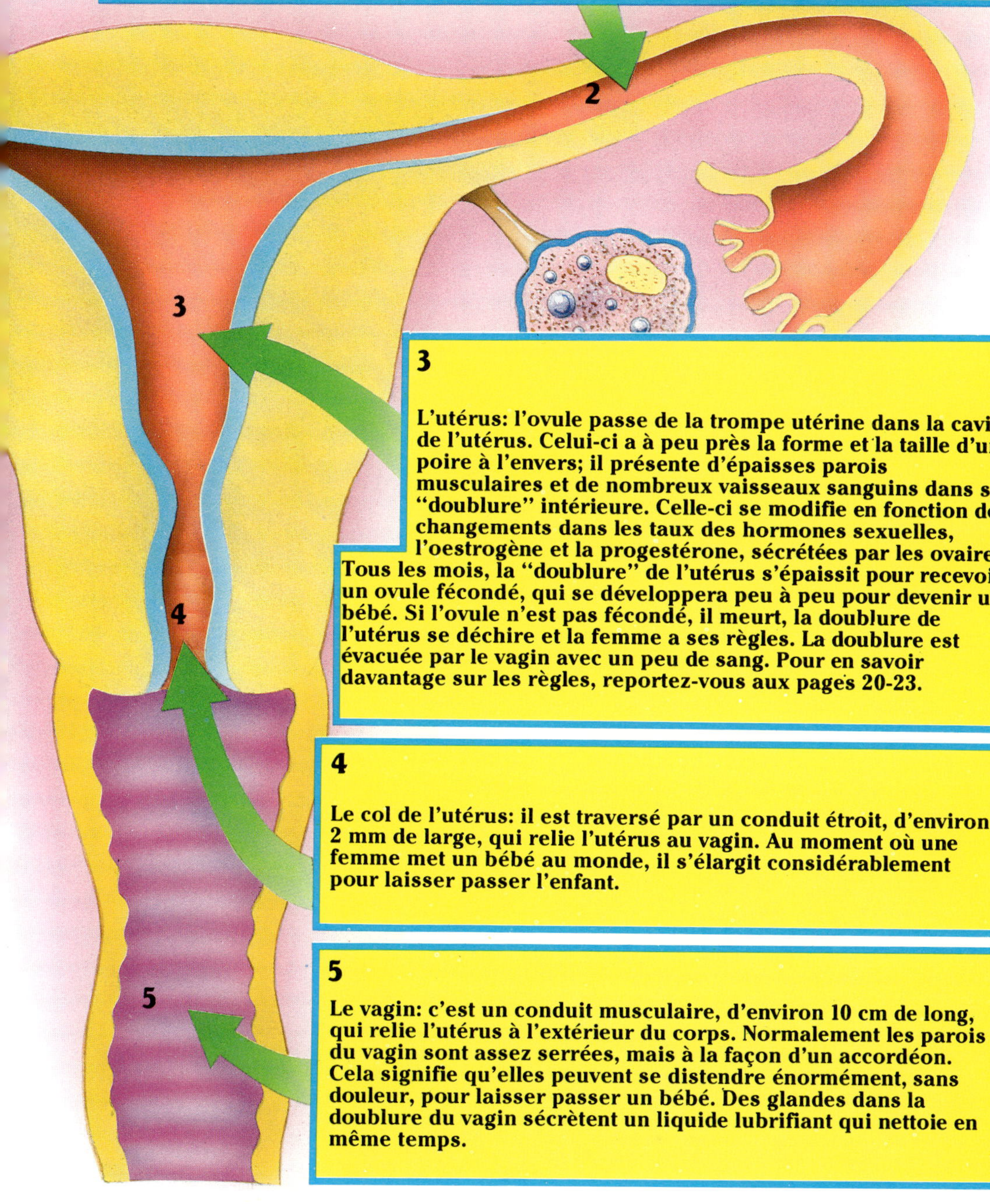

3

L'utérus: l'ovule passe de la trompe utérine dans la cavité de l'utérus. Celui-ci a à peu près la forme et la taille d'une poire à l'envers; il présente d'épaisses parois musculaires et de nombreux vaisseaux sanguins dans sa "doublure" intérieure. Celle-ci se modifie en fonction des changements dans les taux des hormones sexuelles, l'oestrogène et la progestérone, sécrétées par les ovaires. Tous les mois, la "doublure" de l'utérus s'épaissit pour recevoir un ovule fécondé, qui se développera peu à peu pour devenir un bébé. Si l'ovule n'est pas fécondé, il meurt, la doublure de l'utérus se déchire et la femme a ses règles. La doublure est évacuée par le vagin avec un peu de sang. Pour en savoir davantage sur les règles, reportez-vous aux pages 20-23.

4

Le col de l'utérus: il est traversé par un conduit étroit, d'environ 2 mm de large, qui relie l'utérus au vagin. Au moment où une femme met un bébé au monde, il s'élargit considérablement pour laisser passer l'enfant.

5

Le vagin: c'est un conduit musculaire, d'environ 10 cm de long, qui relie l'utérus à l'extérieur du corps. Normalement les parois du vagin sont assez serrées, mais à la façon d'un accordéon. Cela signifie qu'elles peuvent se distendre énormément, sans douleur, pour laisser passer un bébé. Des glandes dans la doublure du vagin sécrètent un liquide lubrifiant qui nettoie en même temps.

Les règles

Le début des règles est probablement le changement de la puberté le plus important chez les filles. Ces deux pages expliquent le processus qui est à l'origine des règles: la doublure de l'utérus se déchire et un peu de sang s'écoule du vagin. Cela paraît effrayant, mais si l'on sait à quoi s'attendre, il n'y a pas lieu de s'inquiéter. La perte de sang dure quelques jours et il faut mettre des tampons ou des serviettes hygiéniques.

L'âge de l'apparition des règles se situe entre 9 et 18 ans, plus généralement environ un an après que la poitrine commence à se développer.

Qu'est-ce que les règles?

On se rend souvent compte que les règles commencent lorsqu'on va aux toilettes.

Lorsqu'on a ses règles, il semble y avoir seulement perte de sang, mais il s'agit en fait de cellules de la doublure de l'utérus qui sont teintées de sang et mélangées à un liquide collant en provenance du col de l'utérus. Le sang est dû aux petits vaisseaux sanguins de l'utérus qui se déchirent lorsque la doublure se détache des parois. On perd environ deux cuillerées à soupe de sang à chaque fois que l'on a ses règles. Celles-ci peuvent durer de deux à huit jours, mais la moyenne est de quatre jours.

Les hormones et les règles

Ci-dessous est expliqué comment les hormones contrôlent le cycle menstruel. On a pris ici un cycle moyen de 28 jours, le vôtre peut être différent.

Jour 1

Les règles commencent. En même temps, l'hormone F.S.H. sécrétée par l'hypophyse provoque le mûrissement d'un ovule dans un petit sac ou "follicule" situé dans l'un des ovaires.

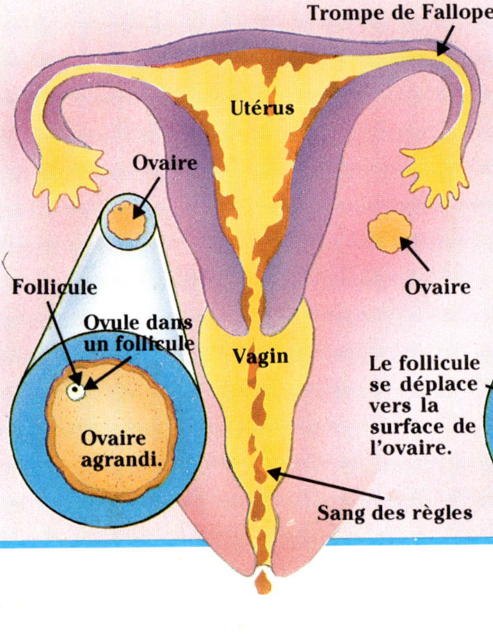

Jour 5

L'ovule continue à mûrir et le follicule se déplace vers la surface de l'ovaire. Il sécrète l'oestrogène, qui permet à la doublure de l'utérus de s'épaissir de nouveau. A ce stade, elle a environ 1 mm d'épaisseur et les règles sont terminées.

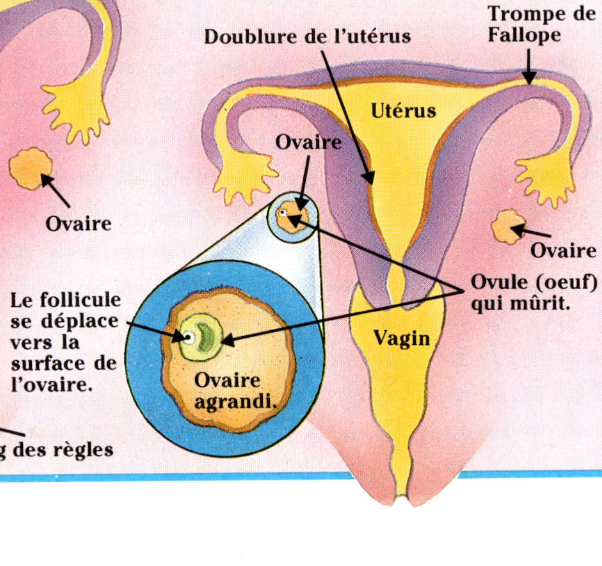

Quand se produisent-elles?

L'autre nom des règles est la menstruation, du mot latin *mensis*, qui signifie mois. En moyenne, une femme a ses règles toutes les quatre semaines (28 jours). Le cycle peut varier de 20 à 35 jours selon les femmes et même de mois à mois chez la même personne.

Quelques idées reçues

Au cours des siècles on a toujours eu de fausses idées sur les règles, qui datent souvent de l'époque où l'on n'en connaissait pas la cause. De telles croyances survivent encore de nos jours, comme le fait que l'on ne doit pas se laver la tête ou manger une glace lorsqu'on a ses règles. En réalité, la femme peut vivre tout à fait normalement, et même prendre un bain ou une douche et nager.

Jour 14

L'hypophyse sécrète l'hormone L.H. à la place de F.S.H. L'ovule, qui a à présent atteint sa maturité, sort du follicule et quitte l'ovaire (ovulation). Le follicule vide, que l'on appelle "corps jaune", se met à sécréter l'autre hormone sexuelle de la femme, la progestérone, en même temps que l'oestrogène. La progestérone rend la doublure épaisse de l'utérus souple et spongieuse afin que l'ovule fécondé puisse s'y implanter.

Jour 21

L'ovule est arrivé dans l'utérus. S'il n'a pas été fécondé, il se décompose, ainsi que le corps jaune, et les taux d'oestrogène et de progestérone tombent. A ce moment-là, la doublure de l'utérus a environ 5 mm d'épaisseur. Elle se décompose aussi et se détache des parois de l'utérus; quelques vaisseaux sanguins se déchirent en même temps. Au jour 1, les règles suivantes se déclenchent et le cycle recommence.

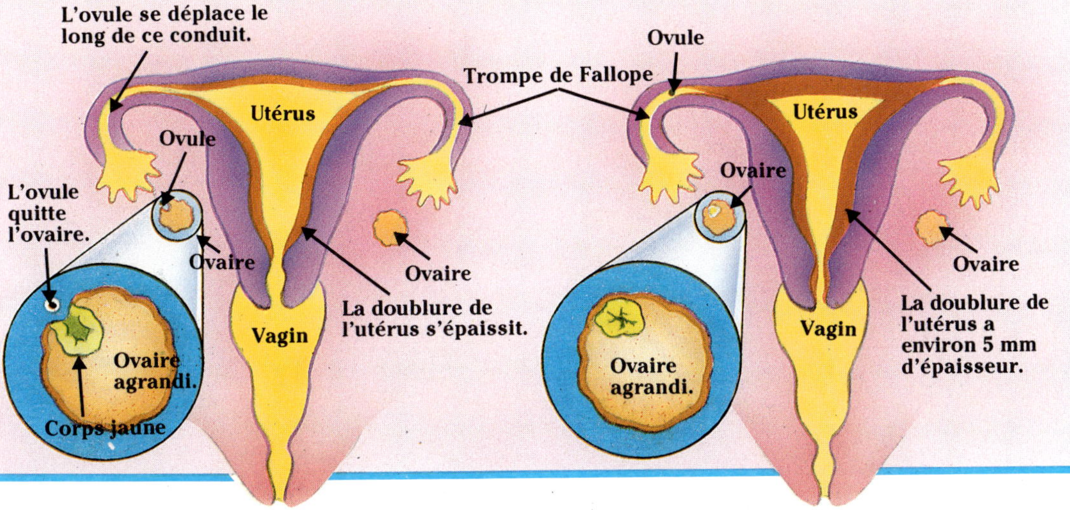

Comment se protéger

On peut mettre soit des serviettes hygiéniques soit des tampons pour endiguer le sang des règles. Les serviettes absorbent le sang à sa sortie de l'orifice vaginal tandis que les tampons se glissent dans le vagin et absorbent le sang à l'intérieur. Essayez les deux avant de décider ce qui vous convient le mieux.

Les serviettes hygiéniques

Elles existent dans différentes tailles et en plusieurs épaisseurs, en fonction de l'abondance des règles.

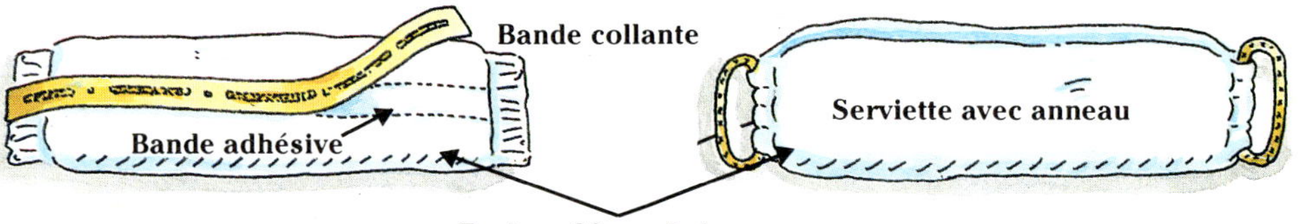

Les serviettes adhésives ont une bande collante à l'extérieur qui adhère à la culotte pour maintenir la serviette en place. Elles sont confortables mais se froissent parfois ou se décollent.

Les serviettes avec un anneau nécessitent une ceinture spéciale que l'on achète séparément. Elles ont tendance à être gênantes.

Changer les serviettes

Il est préférable de changer les serviettes toutes les trois heures environ, même si les pertes ne sont pas très abondantes. Le sang des règles est propre mais une fois à l'extérieur du corps il est en contact avec les bactéries de l'air, ce qui peut lui donner une odeur ou même provoquer une infection. Achetez des serviettes qui se jettent dans les toilettes. Les autres risquent de les bloquer, il faut donc les envelopper dans un sac et les mettre à la poubelle. Les toilettes publiques ont généralement tout ce qu'il faut, sac et poubelle, pour s'en débarrasser.

Quelques problèmes

Avoir ses règles est naturel et sain, ce n'est pas une maladie, et beaucoup de femmes n'ont aucun problème. Mais le cycle hormonal féminin est très complexe. Alors que le taux des hormones sexuelles de l'homme est toujours à peu près le même d'un jour à l'autre, celui de la femme change tous les jours pendant son cycle. Les hormones sont véhiculées dans le système sanguin, donc elles peuvent affecter d'autres parties du corps en dehors des organes génitaux. D'où le fait que certaines personnes ne se sentent pas bien ou soient irritables avant ou pendant leurs règles.

Règles douloureuses

Certaines femmes ont "mal au ventre" ou éprouvent des douleurs semblables à des crampes dans la partie inférieure de l'abdomen. Les médecins pensent que cela est dû aux hormones, qui provoquent la contraction des muscles de l'utérus. Si la douleur est minime, la gymnastique peut soulager. Si la douleur est forte, il faudra peut-être prendre un analgésique et s'allonger avec une bouillotte. Le nom médical des règles douloureuses est la dysménorrhée.

Les tampons

Beaucoup de femmes préfèrent les tampons pour plusieurs raisons. Lorsque le tampon est en position correcte dans le vagin, on ne le sent pas. Contrairement à la serviette hygiénique, il ne se voit pas si l'on porte un pantalon serré. On peut prendre un bain ou aller à la piscine. Tous les tampons s'évacuent dans les toilettes et ils sont faciles à transporter car ils sont plus petits et emballés individuellement. Il n'y a aussi aucun risque d'odeur.

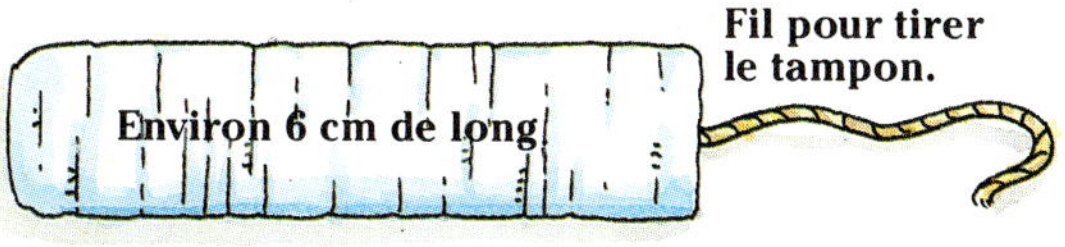

Changer les tampons

Il est moins facile de savoir quand il faut changer un tampon qu'une serviette; toutefois on sent quand il est sur le point de fuir et il arrive que le fil soit taché de sang. Il faut néanmoins changer un tampon au moins toutes les quatre heures et dès le réveil après une nuit de sommeil. Si on le garde trop longtemps, des microbes dans le vagin risquent de causer une infection.

Mettre un tampon

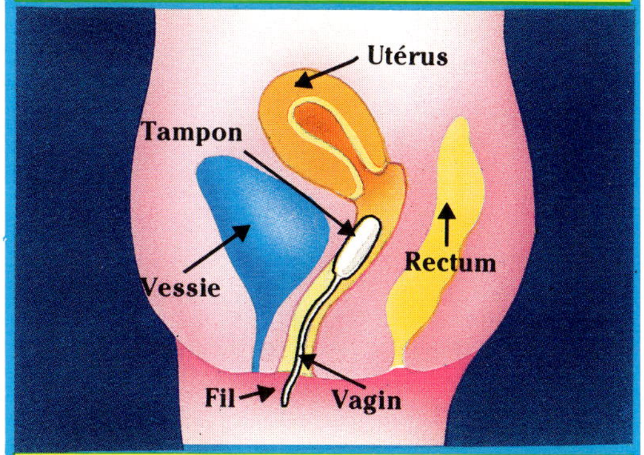

Certaines filles ne veulent pas mettre de tampon lorsqu'elles commencent à avoir leurs règles, mais il n'y a pas de contre-indication si vous en avez envie. Commencez par la plus petite taille, vous pouvez toujours passer à la taille supérieure si ce n'est pas suffisant. Lisez bien le mode d'emploi. Le meilleur moment pour essayer de mettre un tampon est lorsque les règles sont le plus abondantes. Lavez-vous les mains avant d'enlever le papier qui protège le tampon et si vous le faites tomber, ne vous en servez pas. Si vous n'arrivez pas à le mettre, c'est probablement parce que votre hymen est presque intact. Essayez de nouveau au bout de quelques mois, il se sera peut-être davantage déchiré.

Le syndrome prémenstruel

Les femmes souffrent parfois de certains symptômes (syndrome prémenstruel) avant l'apparition des règles. De même que les douleurs, ils sont probablement dûs aux hormones. Ces symptômes sont les suivants: poitrine enflée et douloureuse, sensation de lourdeur et de ballonnement, en particulier dans l'abdomen, maux de tête, boutons, fatigue, énervement, mauvaise humeur ou abattement. Il n'y a pas vraiment de remède mais consultez votre médecin, il pourra peut-être vous aider.

Des règles irrégulières

Ce n'est pas obligatoirement un problème. Pendant les deux premières années, c'est assez fréquent. Cela est dû à l'irrégularité du rythme des hormones. Il s'écoule même parfois plusieurs mois entre deux cycles. Les règles peuvent aussi devenir irrégulières si l'on est malade, malheureux ou inquiet à propos de quelque chose, et même si l'on part en vacances.

Un cycle dure en moyenne 28 jours, mais il peut être plus ou moins long.

L'appareil génital de l'homme

Il est facile pour un garçon de se rendre compte que ses organes génitaux se développent parce qu'ils grossissent. Les testicules se développent d'abord, puis, environ un an plus tard, le pénis. L'illustration de droite représente une vue frontale des organes génitaux de l'homme, dessinés de façon à en voir les différentes parties.

1

Les testicules: ils correspondent aux ovaires de la femme. Ils sécrètent les cellules sexuelles mâles (spermatozoïdes) et l'hormone sexuelle mâle, la testostérone. Les testicules ont à peu près la taille de petites prunes. Le gauche est en général un peu plus bas que le droit. A partir de la puberté, les spermatozoïdes se forment continuellement dans des petits tubes enroulés situés dans les testicules. Il leur faut plus de deux mois pour se développer et plusieurs millions d'entre eux accomplissent ce processus tous les jours. Contrairement aux ovaires, les testicules continuent à produire des cellules sexuelles pendant l'âge mûr, et même, mais à un degré moindre, jusqu'à la vieillesse.

2

Le scrotum: les testicules sont enfermés dans une poche de peau plissée, le scrotum. Il se trouvent à l'extérieur de l'abdomen parce qu'il ne peut y avoir production de spermatozoïdes qu'à une température inférieure de 2° à la température normale intérieure du corps. Si les testicules sont exposés au froid, la peau du scrotum se rétrécit et les testicules se rapprochent du corps.

La position des organes génitaux

Cette illustration donne une vue latérale droite des organes génitaux masculins.

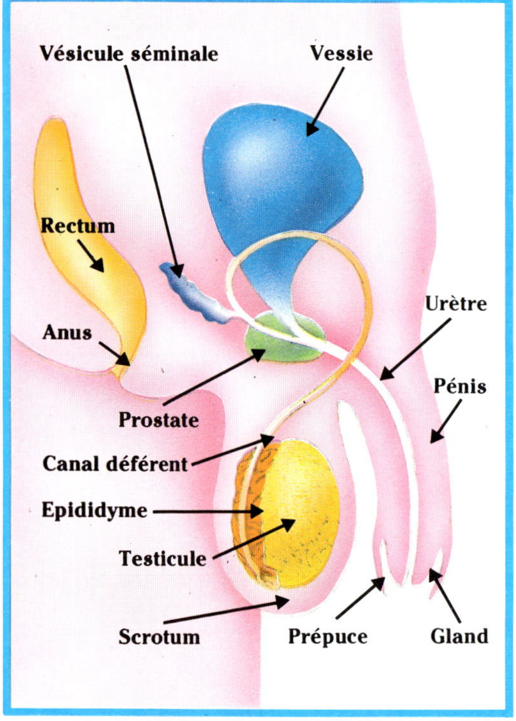

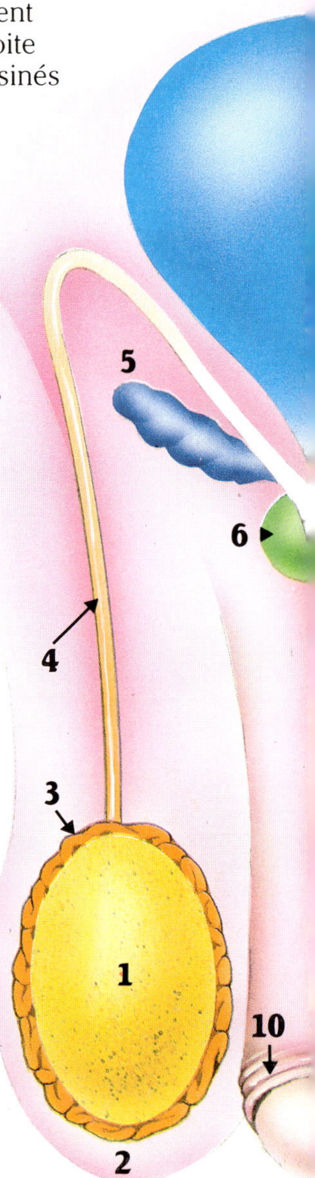

3

L'épididyme: c'est un tube enroulé situé sur le bord supérieur de chaque testicule. Déroulé, chaque tube mesurerait 6 m de long. Les spermatozoïdes passent des testicules dans l'épididyme, où ils mûrissent pendant environ deux semaines.

4

Les canaux déférents: ce sont deux tubes d'environ 40 cm de long qui vont de l'épididyme au bassin; là ils rejoignent l'urètre au départ de la vessie. Ce sont des tubes musculaires, le long desquels se déplacent les spermatozoïdes en provenance de l'épididyme et qui se dirigent vers le pénis.

5

Les vésicules séminales: ce sont des glandes. Elles sécrètent une substance nourrissante qui donne aux spermatozoïdes leur énergie.

6

La prostate: c'est une glande à peu près de la taille d'une noix qui sécrète un liquide permettant aux spermatozoïdes de se déplacer.

7

L'urètre: il est plus long chez les hommes que chez les femmes et il a deux fonctions. L'une est d'emporter l'urine à l'extérieur du corps. Lors de l'excitation sexuelle, il véhicule le sperme, mélange de spermatozoïdes et des liquides sécrétés par les vésicules séminales et la prostate.

8

Le pénis: il est normalement assez petit et mou. Lors de l'excitation sexuelle, il reçoit un afflux de sang et il grossit, durcit et se redresse (on parle d'érection). Cela permet au pénis de pénétrer dans le vagin de la femme, où il dépose des spermatozoïdes, qui sont à l'origine de la formation d'un bébé.

9

Le gland: c'est l'extrémité du pénis, la partie la plus sensible.

10

Le prépuce: c'est le repli de peau qui recouvre le gland du pénis. Des glandes sous le prépuce sécrètent une substance blanche épaisse qui permet à la peau de glisser sur le gland.

La circoncision

Certaines cultures, par exemple la culture juive, ont pour coutume de pratiquer l'ablation du prépuce des garçons quelques jours après la naissance. C'est la circoncision. Cette opération est généralement pratiquée pour des raisons religieuses, mais certaines personnes estiment qu'il s'agit d'une question d'hygiène. Lorsque le prépuce est intact, le liquide sécrété par les glandes risque de s'accumuler sous la peau et de sentir mauvais ou de provoquer une infection. Pour éviter ce problème, roulez la peau et lavez soigneusement dessous tous les jours.

La taille du pénis

La taille du pénis varie suivant les individus et elle n'a aucun rapport avec la taille du corps. Certains garçons s'inquiètent de ce qu'ils ont un petit pénis. En fait les organes de petite dimension grossissent souvent beaucoup plus que les gros lorsqu'ils sont en érection, donc les différences apparentes s'estompent. La longueur moyenne d'un pénis en érection varie de 12,5 cm à 17,5 cm. Sa grosseur n'a aucune influence sur le plaisir sexuel de l'homme ou de la femme.

La sexualité

Lorsque le taux des hormones sexuelles s'élève et que les organes génitaux se développent, on éprouve peu à peu des sensations jusque-là inconnues. On prend davantage conscience de son propre corps et de ses sentiments et on éprouve une attirance nouvelle pour le sexe opposé. D'abord cela se présente souvent sous forme de rêves et de fantasmes. Puis on éprouve un besoin de contact physique et enfin d'avoir des rapports sexuels.

Dans beaucoup de pays les rapports sexuels sont illégaux en dessous d'un certain âge. En France, par exemple, on parle dans ce cas de détournement de mineur. Cela ne veut pas dire que vous devez avoir des rapports à partir de cet âge. Personne ne doit vous forcer; il faut être bien préparé et avoir examiné toutes les conséquences possibles, dont une grossesse non désirée et la maladie, comme par exemple le SIDA (voir pages 28, 30-33 et 44).

Toucher, caresser et embrasser

1

La plupart des gens ont des contacts physiques de nature non sexuelle avec leur famille et leurs amis proches qui entraînent à se toucher et à s'embrasser. La séparation entre contact sexuel et non sexuel n'est pas très nette.

2

Les parties du corps qui sont le plus sensibles sexuellement s'appellent les zones érogènes. Ce sont l'appareil génital, les lèvres, la poitrine et les fesses, mais le lobe de l'oreille, les pieds et d'autres parties du corps sont aussi sensibles.

3

Le contact sexuel entraîne donc baisers, attouchements et caresses. Les zones érogènes sont celles que l'on touche le plus.

4

Lors d'un contact sexuel, on caresse certaines parties du corps d'une autre personne que l'on ne toucherait normalement pas dans un rapport non sexuel, telles que la poitrine ou l'appareil génital. Le baiser dans ce genre de contact consiste, pour l'un des partenaires, ou les deux, à mettre sa langue dans la bouche de l'autre.

Attouchement et baiser sexuels provoquent un plaisir intense chez les deux partenaires et peuvent amener au rapport sexuel. Celui-ci est expliqué à la page suivante.

Le rapport sexuel

1. Au sens strict du terme, il commence lorsque l'homme met son pénis dans le vagin de la femme et se termine lorsqu'il le retire. Toutefois, un rapport sexuel, on dit souvent "faire l'amour", est généralement précédé par des attouchements, des caresses et des baisers.

2. Une fois que le pénis est à l'intérieur du vagin, l'un des partenaires, ou les deux, remue le bassin pour faire entrer et sortir le pénis dans un mouvement répétitif. Cela procure une sensation de plaisir. Cette étape peut durer de quelques minutes à plus d'une heure, avec des changements de rythme et des périodes de repos.

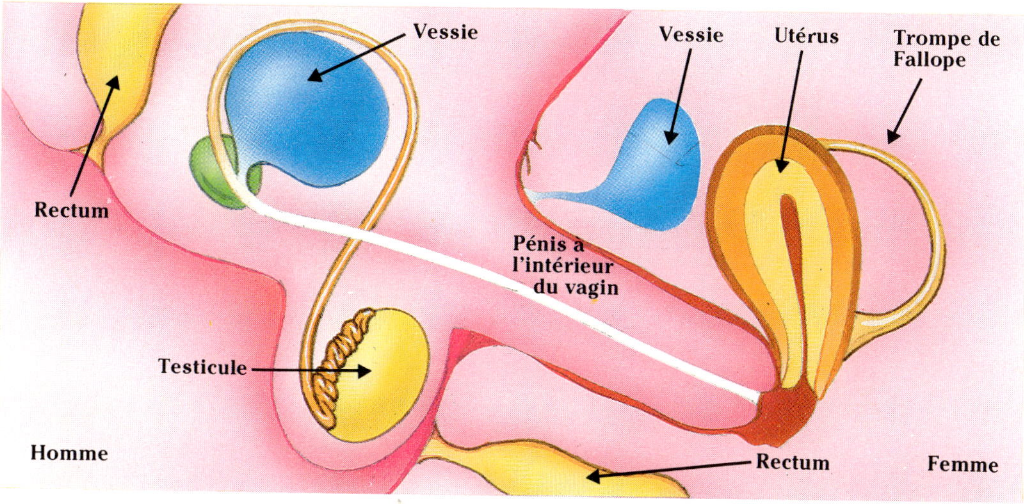

3. Eventuellement, grâce à la stimulation du pénis et du clitoris, il se produit en principe un orgasme.

L'orgasme est le point culminant de l'excitation sexuelle de l'homme et de la femme. Il consiste en une série de courts spasmes musculaires (contractions) dans les organes génitaux. On ressent comme une sensation de vibration qui parcourt le corps tout entier et procure un plaisir intense suivi d'un sentiment d'apaisement.

Il arrive qu'un partenaire atteigne l'orgasme avant l'autre ou que le couple ait un orgasme en même temps. Celui-ci ne se produit pas nécessairement à chaque fois, surtout chez les femmes. Chez l'homme, le sperme est éjecté du pénis (éjaculation) par les contractions musculaires.

Changements dans le corps

L'excitation sexuelle provoque toute une série de changements dans le corps.

Chez les femmes, des glandes dans le vagin sécrètent un liquide lubrificateur qui permet au pénis de pénétrer plus facilement. Quelquefois la poitrine grossit et les mamelons deviennent durs.

Chez l'homme, le pénis grossit, durcit et se redresse (érection), ce qui lui permet de pénétrer dans le vagin. Les testicules se gonflent et se rapprochent du corps.

Chez les deux sexes, les muscles du corps se tendent, le coeur bat plus vite, la tension artérielle monte et la respiration devient haletante. Parfois, la poitrine (surtout chez les femmes) et le visage rougissent.

L'éjaculation

Le sperme, qui est éjecté du pénis au moment de l'orgasme, est un mélange de spermatozoïdes (les cellules sexuelles mâles) et de liquides sécrétés par la prostate et les vésicules séminales (voir page 25).

Chaque éjaculation produit en moyenne à peine une petite cuillerée à café de sperme, mais celle-ci contient des centaines de millions de spermatozoïdes.

Les contractions musculaires de l'orgasme expulsent les cellules de leur poche de réserve près des testicules et les envoient, par les canaux déférents, jusqu'à l'urètre qui va de la vessie au pénis. Des muscles à la base de la vessie servent de valve pour empêcher l'urine de passer dans l'urètre en même temps que le sperme.

La sexualité et les émotions

La sexualité n'est pas seulement liée à des sensations physiques: elle implique aussi de fortes émotions. Tout dépend des sentiments que l'on éprouve envers son partenaire et si on lui fait confiance.

Les problèmes sexuels ont souvent pour causes des raisons psychologiques. L'anxiété, la timidité, la crainte, si l'on n'est pas heureux, tout cela peut avoir des répercussions sur le corps.

L'un des rares cas où ce genre de problème est purement physique est lorsque la femme a un rapport sexuel pour la première fois: le pénis déchire l'hymen*, ce qui occasionne une légère douleur et un saignement. (Souvent l'hymen est déjà distendu ou déchiré par le sport ou l'utilisation de tampons.)

La sexualité et la grossesse

Une fois l'ovulation (production d'oeufs) commencée chez la fille et qu'elle a ses règles, il y a toujours une possibilité d'être enceinte à la suite d'un rapport sexuel, à moins de prendre des précautions spéciales pour empêcher la conception d'un bébé. C'est ce que l'on appelle la contraception. Vous trouverez pages 30-33 les différentes méthodes pour prévenir une grossesse.

L'homosexualité

L'homosexualité signifie que l'on est attiré sexuellement uniquement par des personnes de son propre sexe. *Homo* vient du mot grec qui veut dire le même. (Les hétérosexuels sont sexuellement attirés par des personnes du sexe opposé, *heteros* étant le mot grec pour autre.)

Il est tout à fait normal d'éprouver des sentiments pour quelqu'un de son propre sexe, surtout à la puberté. Ceci est différent de l'homosexualité proprement dite, où les personnes sont attirées uniquement par des individus de leur sexe même à l'âge adulte.

On estime qu'une personne sur dix est homosexuelle. La pédérastie est l'homosexualité masculine. L'homosexualité féminine s'appelle le lesbianisme. Il y a davantage de bisexuels, qui sont des individus attirés par les deux sexes.

On ne connaît pas très bien la cause de l'homosexualité. Chez certains elle est d'origine biologique, chez d'autres elle est plutôt psychologique.

Les maladies sexuellement transmissibles

On les appelle aussi maladies vénériennes. Ce sont des infections qui touchent les organes génitaux; elles sont provoquées par des microbes (créatures vivantes microscopiques) qui passent du corps d'une personne à celui d'une autre lors de contact sexuel.

Il existe plusieurs types de maladies vénériennes. Certaines touchent les deux sexes, d'autres seulement les hommes ou les femmes. Quelques-unes se développent même sans contact sexuel.

Les premiers symptômes de la plupart de ces maladies sont les mêmes: démangeaison et sensation douloureuse aux organes génitaux ou à l'anus; plaie, grosseur ou éruption cutanée à ces mêmes endroits; pertes, brûlure lorsqu'on va aux toilettes.

L'un des problèmes des maladies vénériennes est qu'une personne peut être atteinte et contaminer son partenaire sans le savoir parce qu'aucun des symptômes ne s'est manifesté.

Presque toutes ces maladies peuvent être guéries si elles sont soignées à temps, sauf le SIDA (voir page 44).

Vous trouverez des détails sur l'hymen à la page 17.

Les fantasmes

Il est courant de fantasmer pendant la puberté, surtout lors de la masturbation. Certaines personnes fantasment sur quelqu'un qu'elles connaissent ou sur des célébrités, par exemple des vedettes de la chanson. D'autres inventent des personnages imaginaires. Vous serez peut-être surpris ou troublé par vos fantasmes. C'est normal. Ils permettent de s'imaginer en train de faire des choses qui seraient inacceptables dans la réalité.

Les rêves sexuels

Ils sont très communs chez les garçons à la puberté. Il se produit une érection avec éjaculation pendant le sommeil. Cela est dû au fait que le corps n'est pas encore habitué à son nouveau fonctionnement. Cela arrive pendant qu'on rêve, mais pas nécessairement de sexe.

Si vous tachez les draps et que cela vous gêne, nettoyez avec une éponge, du savon et de l'eau froide ou gardez du papier hygiénique près du lit pour essuyer.

La masturbation

C'est la manipulation des organes génitaux pour procurer du plaisir, à soi-même ou à quelqu'un d'autre.

Les hommes tiennent leur pénis dans la main et lui impliquent un mouvement rythmique d'avant en arrière. Les femmes frottent la zone du clitoris avec leurs doigts. Cela provoque parfois un orgasme (voir page 27).

Autrefois on attribuait à la masturbation des effets nocifs. En fait, elle devient malsaine seulement si on y a constamment recours.

Les hommes se masturbent plus souvent que les femmes pendant la puberté. Cela est dû en partie au fait que le pénis est plus accessible que le clitoris et que les hommes le touchent constamment lorsqu'ils vont aux toilettes.

Des situations gênantes

Les garçons sont souvent gênés parce que, lors de la puberté, ils ont des érections à des moments inconvenants. La plupart sont provoquées par une pensée sexuelle, par exemple si l'on voit une fille qui plaît. Elles peuvent aussi se produire si les organes sont stimulés "par accident", par exemple par les vibrations d'un train. Pour se calmer, il faut essayer de se concentrer sur autre chose. Les hommes se réveillent souvent le matin le pénis en érection. Cela est dû à leurs rêves, pas nécessairement à propos de sexe.

La contraception

Lorsqu'une femme est enceinte à la suite d'un rapport sexuel, on dit qu'il y a conception. Il existe plusieurs méthodes pour empêcher une grossesse. C'est la contraception (contre la conception). Certaines de ces méthodes sont plus efficaces que d'autres. Il faut toujours consulter son médecin ou un gynécologue.

La conception

Lorsque l'homme éjacule dans le vagin de la femme lors d'un rapport sexuel, des centaines de millions de spermatozoïdes se déposent tout près du col de l'utérus. De là ils remontent l'utérus en "nageant" pour aller dans les trompes de Fallope. Une centaine seulement arrivera au bout du voyage. S'il y a un ovule dans l'une des trompes, les spermatozoïdes l'entourent et l'un d'eux se joindra peut-être à l'oeuf. C'est la conception. Spermatozoïde et ovule forment ensemble une nouvelle cellule qui va se développer pour devenir un bébé dans l'utérus de la femme.

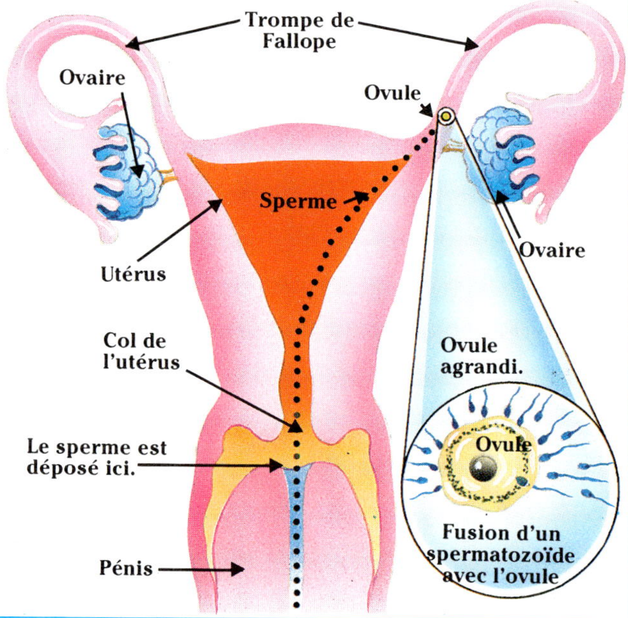

La pilule combinée

C'est la méthode de contraception la plus efficace. La femme prend une pilule tous les jours trois semaines sur quatre. La pilule contient un mélange d'oestrogène et de progestérone. Elle diminue le taux de sécrétion d'hormones par l'hypophyse de sorte qu'aucun ovule ne se développe dans les ovaires et il n'y a donc pas ovulation.

La pilule est prescrite par le médecin et la femme doit être sous surveillance médicale constante pour voir si elle ne souffre pas d'effets secondaires. Ceux-ci incluent prise de poids, maux de tête, nausées, poitrine douloureuse et, rarement, tension artérielle élevée ou même thrombose (formation d'un caillot), le plus souvent dans les jambes. Le médecin ne prescrira pas la pilule s'il y a risque d'effets secondaires graves.

La pilule a un effet secondaire bénéfique, elle diminue l'abondance des règles, qui deviennent aussi plus régulières et moins douloureuses. C'est pour cette raison qu'on la prescrit parfois aux femmes qui ont des problèmes.

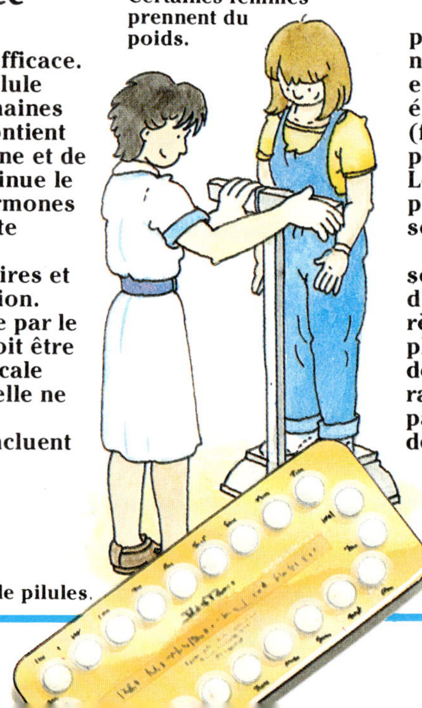

Certaines femmes prennent du poids.

Plaque de pilules.

La mini pilule

Elle est un peu moins efficace que l'autre et on doit la prendre tous les jours. Elle contient seulement de la progestérone; elle modifie la doublure du col de l'utérus de sorte que les spermatozoïdes ont du mal à pénétrer dans l'utérus. Et s'il y a fécondation d'un ovule, il ne pourra pas s'y implanter. (La pilule combinée accomplit aussi ces processus en même temps qu'elle empêche l'ovulation.) La mini pilule est aussi prescrite par le médecin et la femme est sous surveillance médicale. On lui connaît moins d'effets secondaires mais son utilisation étant récente, il faut la contrôler. Elle a tendance à rendre les règles irrégulières.

Le stérilet (dispositif intra-utérin)

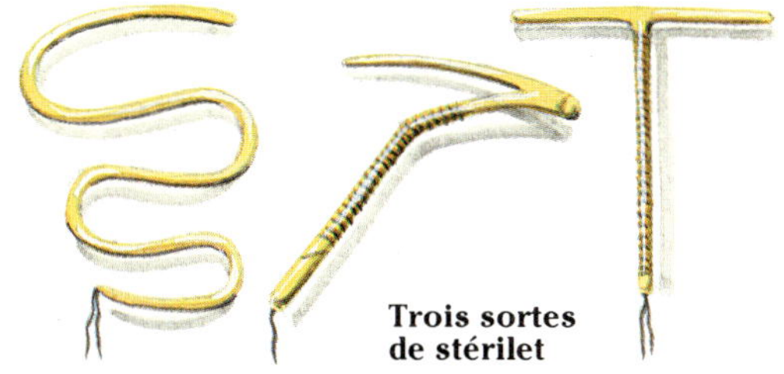

Trois sortes de stérilet

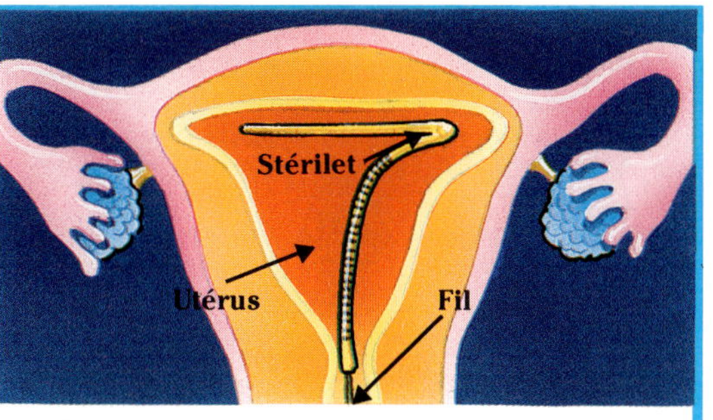

Le stérilet est un genre de boucle en plastique ou en cuivre comme celles montrées ci-dessus que l'on insère dans l'utérus de la femme. Il empêche l'ovule fécondé de s'implanter dans la doublure de l'utérus.

Le stérilet est mis en place par un gynécologue, qui le glisse par le vagin; on le garde environ deux ans et on ne le sent pas du tout. La femme vérifie régulièrement qu'il n'a pas bougé en touchant le fil qui pend dans le vagin. Le stérilet peut provoquer des règles abondantes ou douloureuses. Il augmente aussi le risque d'infection, qui est à l'origine de la stérilité (lorsqu'une femme ne peut pas avoir d'enfants).

Le diaphragme

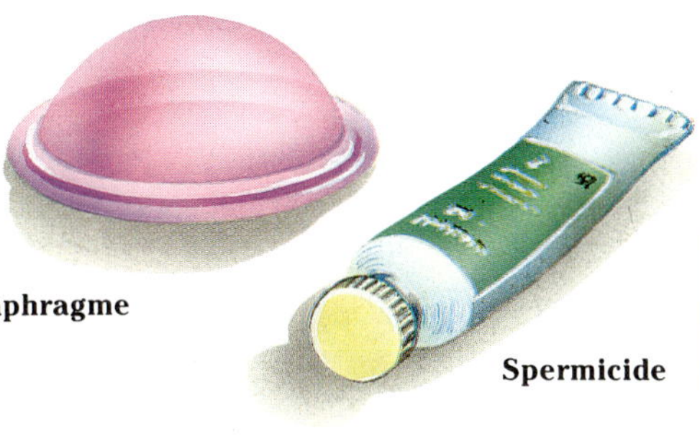

Diaphragme

Spermicide

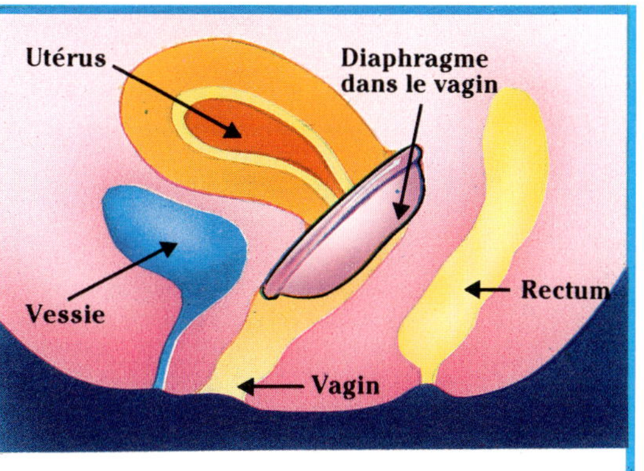

C'est un mince capuchon souple en caoutchouc qui se place sur le col de l'utérus afin d'empêcher les spermatozoïdes de pénétrer dans l'utérus. Pour que le diaphragme soit efficace, il faut appliquer dessus un "spermicide". C'est une crème ou une gelée contenant des produits chimiques spéciaux qui tuent les spermatozoïdes*.

Pour que la femme puisse utiliser un diaphragme, le médecin doit mesurer le col de l'utérus. La femme le met alors en place elle-même avant le rapport sexuel et elle le garde plusieurs heures après, pour que le spermicide puisse faire effet. Aucun des deux partenaires ne sent le diaphragme pendant le rapport sexuel.

Les spermicides ne sont d'aucune efficacité si on les utilise seuls.

Le préservatif ou condom

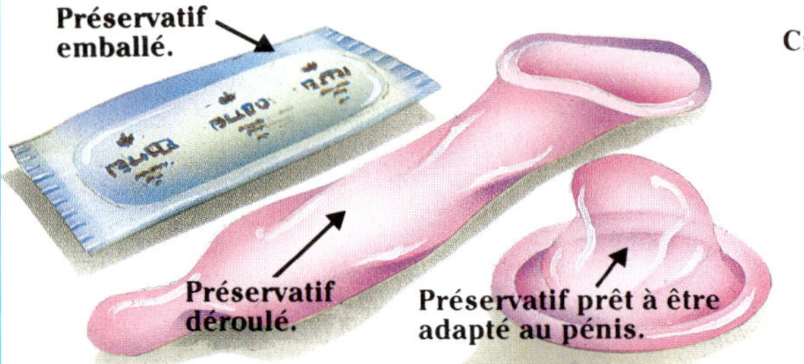

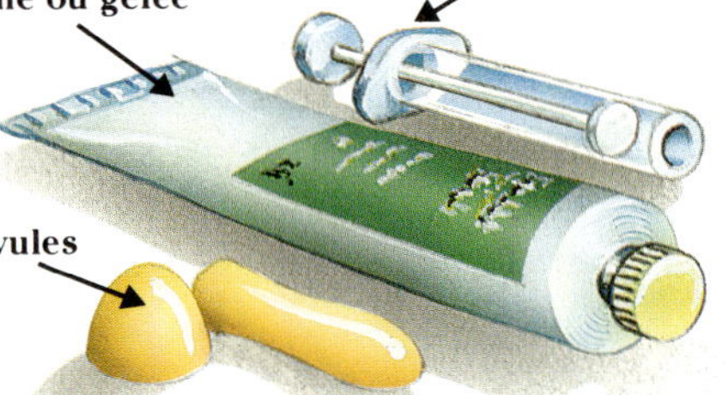

C'est un capuchon en caoutchouc très souple qui s'adapte au pénis en érection avant le rapport sexuel. Lors de l'éjaculation, le sperme reste à l'intérieur du préservatif. L'homme doit retirer son pénis du vagin tout doucement peu après l'éjaculation car le préservatif risque de glisser lorsque l'organe reprend sa taille normale.

Pour plus de sûreté la femme doit utiliser un spermicide*. Elle peut soit se mettre une crème ou une gelée dans le vagin à l'aide d'un applicateur spécial, soit enfoncer avec le doigt un ovule qui fondra dans le vagin.

On trouve préservatifs et spermicides en pharmacie; il y a même des distributeurs automatiques de préservatifs dans les toilettes pour hommes. En plus d'être un moyen contraceptif, le préservatif permet de lutter contre la propagation des infections, en particulier celle qui est à l'origine du SIDA.

Période à faible risque

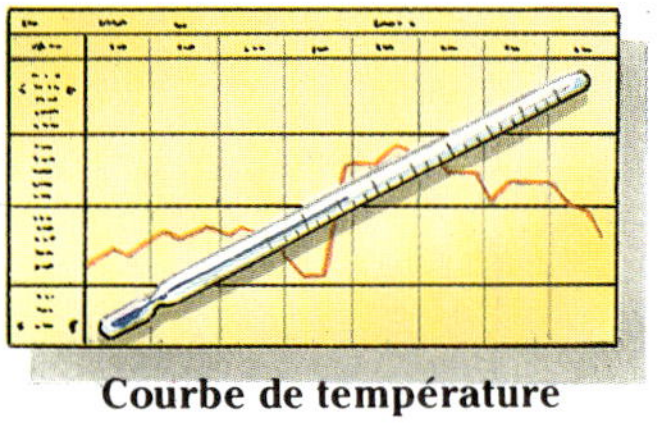
Courbe de température

Théoriquement une femme peut être enceinte seulement trois jours par mois. C'est le temps qu'il faut à l'ovule pour descendre la trompe de Fallope. La durée de vie des spermatozoïdes dans le corps de la femme est d'environ deux jours. Donc si un couple n'a pas de rapport deux jours avant l'ovulation et trois jours après, il ne devrait pas y avoir conception.

L'ennui avec la méthode de contraception qui s'appuie sur cette période à faible risque est qu'il est difficile de prévoir l'ovulation. Les couples essaient de calculer en fonction des dates des règles de la femme; en prenant les variations de sa température pendant ses cycles; en contrôlant les changements d'apparence d'un liquide sécrété par le col de l'utérus. Même en utilisant les trois méthodes, le pourcentage d'échec est élevé.

La stérilisation

C'est une opération chirurgicale pour que la personne ne puisse plus jamais avoir d'enfants. En principe on réalise une telle opération chez des couples qui ont déjà des enfants et qui sont sûrs qu'ils n'en veulent pas d'autres.

Chez l'homme, on pratique une vasectomie. Cette méthode de stérilisation est plus facile à réaliser que chez la femme car les organes génitaux masculins sont à l'extérieur du corps. Sous anesthésie locale, on coupe et on lie les canaux déférents de sorte que les spermatozoïdes ne peuvent plus descendre jusqu'au pénis. L'homme peut malgré tout éjaculer.

La stérilisation féminine est pratiquée sous anesthésie générale. La méthode la plus courante consiste à obstruer les trompes de Fallope avec une pince ou un anneau de plastique pour empêcher le passage des ovules. La femme a quand même ses règles. Les deux partenaires peuvent avoir une vie sexuelle normale.

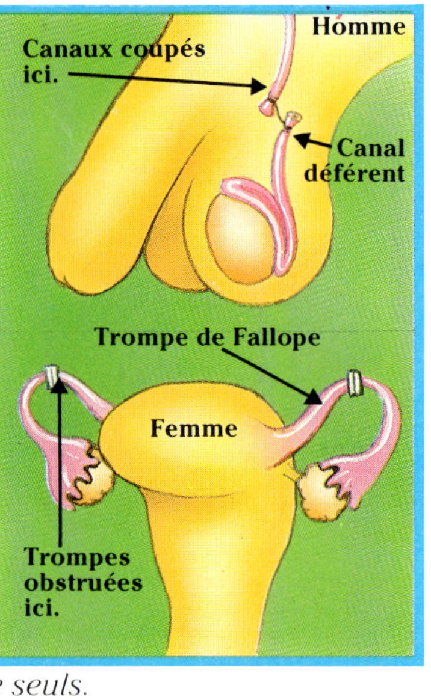

*Les spermicides ne sont d'aucune efficacité si on les utilise seuls.

Quelques idées fausses sur la contraception

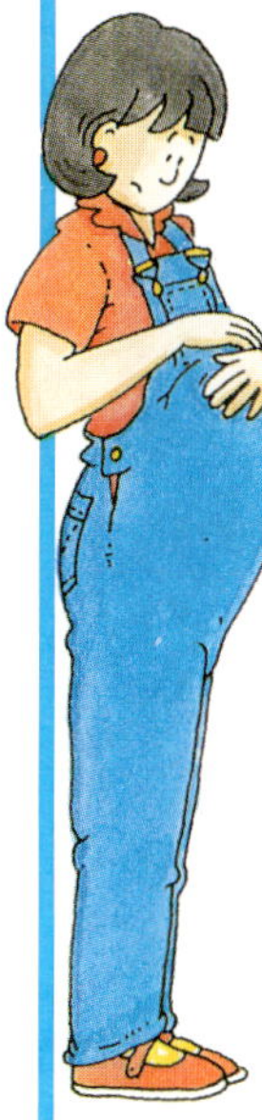

Voici quelques-unes des idées fausses les plus communes sur la contraception. "Une femme ne sera pas enceinte si . . .

1...l'homme retire son pénis du vagin avant l'éjaculation": cela est faux car des spermatozoïdes s'échappent du pénis avant l'éjaculation. Si celle-ci se produit près du vagin après que l'homme s'est retiré, des spermatozoïdes peuvent malgré tout y pénétrer.
2...la femme se met sur l'homme pendant le rapport ou si le couple reste debout": à cause de la pesanteur, moins de spermatozoïdes parviennent jusqu'à l'utérus, mais il en pénétrera tout de même beaucoup.
3...la femme a ses règles": les spermatozoïdes sont capables de traverser le sang des règles et il peut y avoir un ovule dans l'une des trompes même si c'est le début du cycle.
4...elle va aux toilettes tout de suite après le rapport": les spermatozoïdes ne seront pas expulsés du corps parce que le vagin et l'urètre sont totalement indépendants l'un de l'autre.
5...c'est la première fois qu'elle a un rapport sexuel ou si elle vient juste de commencer à avoir ses règles": il est vrai que certaines filles ont leurs règles avant d'ovuler mais en général, une fois les règles commencées ou sur le point de commencer, il y a possibilité de grossesse.
6...elle n'a pas d'orgasme": les contractions de l'utérus pendant l'orgasme favorisent peut-être l'aspiration des spermatozoïdes mais ils pénètrent facilement sans elles.

Taux d'échec

Voici ci-dessous des pourcentages montrant l'efficacité de chaque méthode de contraception. Le chiffre donné montre combien de femmes sur cent sont enceintes en se servant de la méthode désignée pendant un an.

Pilule combinée	presque 0%
Mini pilule	2%
Stérilet	2-4%
Diaphragme et spermicide	3%
Préservatif et spermicide	3%
Période à faible risque	7-15%
Stérilisation	presque 0%
Pas de contraception	80%

Le futur

Il n'existe actuellement pas de méthode de contraception idéale. Aucune n'est totalement efficace et sans effets secondaires. On fait sans cesse des recherches pour découvrir de nouvelles méthodes. Parmi celles-ci: la pilule à prendre le lendemain après un rapport; des comprimés ou des piqûres d'hormones pour empêcher l'ovulation pendant plusieurs mois; une pilule pour l'homme qui empêcherait la production des spermatozoïdes; une éponge spéciale qui fonctionnerait comme le diaphragme; un appareil permettant à la femme de calculer le moment de l'ovulation à partir du taux de certaines hormones dans les urines.

L'avortement

Ce n'est pas une méthode de contraception mais une opération pour mettre fin à une grossesse déjà commencée. L'intérieur de l'utérus de la femme est aspiré ou "gratté" (curetage). Les risques d'une telle opération incluent l'infection.

Dans beaucoup de pays l'avortement est illégal. Dans d'autres il est légal mais sous certaines conditions. En France, par exemple, on pratique l'IVG (interruption volontaire de grossesse) jusqu'à la 10e semaine de grossesse (loi Veil 1975). La femme enceinte doit avoir une attestation de rencontre avec une conseillère conjugale et fournir une décharge signée à l'entrée en hôpital. Elle est seule juge de sa décision.

Le régime alimentaire

Un régime sain est important à tout âge mais il l'est particulièrement à la puberté, période où l'on grandit et se développe rapidement. Les aliments, combinés à l'oxygène de l'air que l'on respire, sont un combustible qui permet le développement et fournit de l'énergie. Les différents types d'aliments remplissent différentes fonctions dans le corps, il faut donc manger de tout d'une manière équilibrée. L'eau est également essentielle.

Les protéines

Environ 10% du corps est composé d'une substance que l'on appelle protéine, donc il faut en absorber pour se développer et pour que le corps "se répare" tout seul. C'est pour cela que les protéines sont importantes à la puberté. On les trouve dans la viande, le poisson, le fromage, les oeufs, le lait, les fruits secs et les haricots.

Les hydrates de carbone

Ils fournissent la plus grande partie de l'énergie. Ils se présentent sous deux formes: les amidons et les sucres. Mieux vaut manger des aliments qui contiennent de l'amidon tels que pain, pommes de terre, riz et pâtes plutôt que du sucre tels que gâteaux, biscuits, chocolat, glaces et boissons sucrées. Le sucre n'apporte rien sauf de l'énergie et il est très mauvais pour les dents.

Les graisses

Elles donnent aussi de l'énergie. Elles sont de deux sortes: les graisses animales que l'on trouve dans la viande, le beurre, la crème et la plupart des margarines, et les graisses végétales que l'on trouve dans les huiles végétales, certaines margarines et les fruits secs. Les spécialistes pensent que consommer trop de graisses animales prédispose aux maladies cardiaques.

Les vitamines et les sels minéraux

Le corps a besoin, à faible dose, d'environ 15 vitamines différentes et de 20 minéraux pour que puissent s'accomplir les processus chimiques essentiels à son bon fonctionnement. On les trouve dans de nombreux aliments; il faut donc avoir un régime équilibré.

Le calcium, un minéral qui se trouve par exemple dans le lait et le fromage, est important à la puberté parce qu'il est indispensable à la formation des os et des dents. Le sodium (le sel de cuisine) est aussi un minéral essentiel bien que dans les pays développés on en consomme souvent trop, ce qui joue un rôle dans les maladies cardiaques.

Les fibres

Ce ne sont pas vraiment un aliment, mais un type d'hydrate de carbone que l'on ne digère pas. Elles traversent le système digestif en masse compacte qui agit sur les muscles des intestins, empêchant ainsi la constipation. On pense qu'elles jouent aussi un rôle dans la prévention de maladies intestinales telles que le cancer. On trouve les fibres dans les légumes, les fruits, les pâtes, les céréales, le riz et le pain complet, les légumineuses, les haricots et les fruits secs.

Les groupes d'aliments

Les diététiciens divisent les aliments en cinq groupes (voir ci-dessous). Il faut tous les jours au moins deux aliments des groupes 1, 3 et 4 et un des groupes 2 et 5.

1. Viande maigre, poisson, oeufs, fromage, lentilles, haricots et fruits secs.
2. Pain, pommes de terre, céréales, riz, pâtes (de préférence les variétés complètes).
3. Lait, fromage, yaourt.
4. Fruits, légumes.
5. Graisses et huiles.

Le poids

A la puberté, le poids augmente d'une façon plus spectaculaire que la taille, car les os et les organes internes grossissent et les muscles et les graisses se développent. Les femmes accumulent davantage de graisse que les hommes à cause de leurs hormones sexuelles, une réserve d'énergie dans laquelle elles puiseront pendant la grossesse. Il n'y a pas de poids idéal, vu les différences de statures.

A 10 ans

55% du poids définitif

59% du poids définitif

Les calories

Environ 40 calories

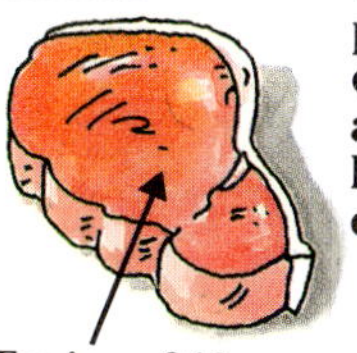

Environ 340 calories

La quantité d'énergie fournie par les aliments se mesure en kilojoules ou calories. Celles-ci varient suivant les aliments et la quantité nécessaire à une personne dépend de la quantité d'énergie dépensée. La période de la puberté nécessite beaucoup d'énergie et il faut donc autant de calories à un adolescent qu'à un adulte. Les hommes brûlent davantage d'énergie que les femmes car ils sont plus gros.

A la puberté, les hommes ont besoin d'environ 2 900 calories par jour.

A la puberté, les femmes ont besoin d'environ 2 150 calories par jour.

Etre trop gros

Les calories qui ne sont pas transformées en énergie sont stockées sous la peau sous forme de graisse. En moyenne, les personnes grosses meurent plus jeunes et ont davantage de certaines maladies, dont les maladies cardiaques, que les minces. Si vous pensez être trop gros, consultez un médecin. Si vous pesez plus de 13 kilos que le poids moyen de tous vos amis, vous mangez peut-être trop d'aliments qui font grossir. Les graisses contiennent le plus de calories, suivies par les hydrates de carbone. Réduisez-en la consommation, en particulier les aliments frits comme les frites et ceux qui contiennent du sucre, ainsi que les boissons sucrées. Les fibres vous rassasieront sans apporter des calories. Ne vous lancez pas dans des régimes "miracle": ils ne sont pas équilibrés et vous reprendrez du poids une fois le régime terminé.

L'anorexie mentale

C'est une maladie grave qui touche surtout les filles à la puberté. Maigrir devient une obsession, elles se trouvent grosses alors qu'elles ne le sont pas. Une anorexique perd beaucoup de poids, elle n'a plus ses règles et refuse d'admettre que ça ne va pas. Il peut y avoir une cause psychologique – l'adolescente ne veut pas grandir et essaie de garder son corps d'enfant en se privant de manger.

L'activité physique

L'activité physique contribue beaucoup à se maintenir en bonne santé. En prenant régulièrement de l'exercice pendant la puberté, on aide le corps à se développer au maximum. L'exercice physique renforce non seulement les muscles du squelette mais aussi le coeur, qui est également un muscle, les poumons et les os. Plus on commence tôt, moins on éprouvera de difficultés et plus on aura de chances d'éviter certaines maladies en vieillissant, en particulier les maladies cardio-vasculaires.

Quels exercices faire?

Voici quelques-uns des bienfaits que procure l'activité physique.

Haltérophilie

Cyclisme

Danse

Aérobic

Relaxation

1. Elle rend fort en développant la taille et la puissance des muscles. Sans cela, ceux-ci s'atrophient et se transforment en graisse.

2. Elle assure la souplesse des articulations, qui ne sont donc pas douloureuses pour cause de raideur.

3. Elle apprend à mieux respirer en augmentant la quantité d'oxygène absorbée. Les aliments que l'on avale doivent se combiner à l'oxygène du corps pour fournir de l'énergie.

4. Elle renforce le coeur, qui assure une circulation du sang plus efficace et accomplit son travail plus facilement. Le simple fait de courir après un autobus peut demander beaucoup d'effort à quelqu'un qui a un coeur faible.

5. Elle améliore la circulation du sang en assouplissant les vaisseaux sanguins et en ouvrant de nouveaux canaux. Cela signifie que les aliments et l'oxygène, qui sont véhiculés par le sang, circulent mieux dans le corps.

6. Elle améliore les réflexes, la coordination et l'aisance des mouvements en augmentant l'efficacité du cerveau et du système nerveux.

7. Elle permet de rester mince en brûlant les calories.

8. On se sent plus détendu, moins angoissé, l'anxiété pouvant rendre malade, et d'une façon générale en meilleure santé.

Gymnastique

Course

Tennis

On se sent plus en forme.

Quel exercice choisir?

N'importe quel exercice physique vaut mieux que pas d'exercice du tout, mais pour la bonne santé générale, il est préférable de faire un sport qui procure le plus grand nombre possible des bienfaits énumérés à gauche. Voici lesquels: la natation, le football, l'aérobic, la danse rythmique et le cyclisme. La natation est le meilleur de tous.

La position du corps

Il est assez difficile d'apprendre à bien se tenir mais cela vaut la peine d'essayer. Une fois que l'on sait se tenir debout et s'asseoir correctement, cela est en fait moins fatigant que de se laisser aller car on impose moins de contrainte au corps.

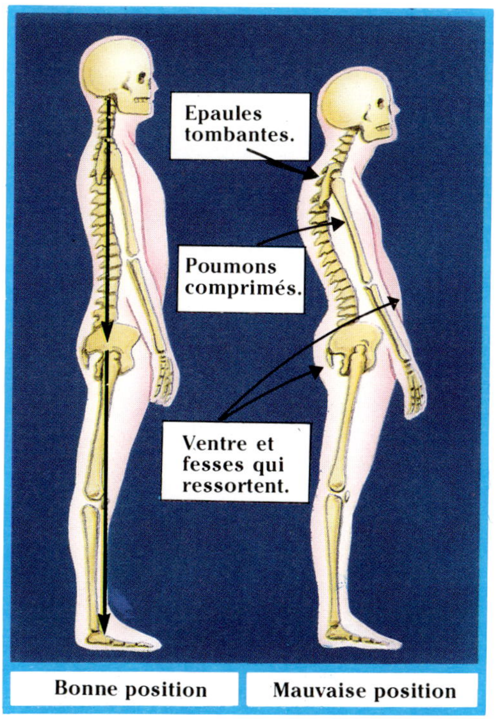

Imaginez une ligne droite qui irait de derrière l'oreille jusqu'au devant de la cheville en passant par le bassin, comme sur le dessin de gauche. Celui de droite montre la contrainte qu'une position incorrecte impose au corps.

Le sommeil

On a besoin de beaucoup de sommeil pendant la puberté car on se développe et on brûle énormément d'énergie. Entre 10 et 14 ans, il faut environ dix heures de sommeil par nuit et neuf entre 14 et 18, mais cela peut varier. Tout dépend comment vous vous sentez.

On ne sait pas exactement pourquoi on dort. Pendant le sommeil, le rythme cardiaque et la respiration ralentissent, c'est donc probablement une période réparatrice pour le corps. Le rêve peut aussi jouer un rôle important.

Le repos

Se reposer peut être soit une détente physique comme le sommeil, soit simplement un changement d'activité. Après un exercice physique intense, s'asseoir et lire détendent muscles et coeur. Après l'étude, l'activité physique repose le cerveau.

Les chaussures

Les pieds ne sont pas complètements formés jusqu'à 20 ans, il est donc important de porter des chaussures à la bonne pointure pendant la puberté. Si elles sont trop petites, les pieds ne se développeront pas comme il faut; si elles sont trop étroites ou pointues, on risque d'avoir des cors ou des durillons douloureux; si elles ne sont pas assez souples, les muscles ne se développeront pas bien. Les talons hauts faussent la répartition naturelle du poids du corps, ce qui nuit aux pieds et au corps en général.

Fumer et boire

L'alcool et la nicotine du tabac sont des drogues qui intoxiquent. Cela signifie que le corps s'habitue à ces substances et qu'il a du mal à s'en passer. On sait que fumer est nocif à la santé et cause de graves maladies. Par exemple, on estime qu'un tiers des cancers est lié directement à la fumée des cigarettes. Beaucoup de gens ne tiennent pas compte de ce risque et ils continuent à fumer et à boire. S'ils essaient de vous pousser à faire comme eux, ne les imitez pas – il n'y a rien d'intelligent à fumer ou à boire.

Le tabac

1

On estime que chaque cigarette raccourcit la vie d'un fumeur de 14 minutes. Les personnes qui fument beaucoup meurent en général de maladies causées par le tabac. Celles qui ne fument pas courent aussi des risques en se trouvant dans une atmosphère enfumée.

Il est toujours temps de s'arrêter de fumer. A moins que la maladie se soit déjà installée, les risques diminuent peu à peu et, au bout de dix ans d'abstinence, ils disparaissent presque complètement.

Deux des produits chimiques les plus nocifs de la fumée du tabac sont le goudron et la nicotine.

2

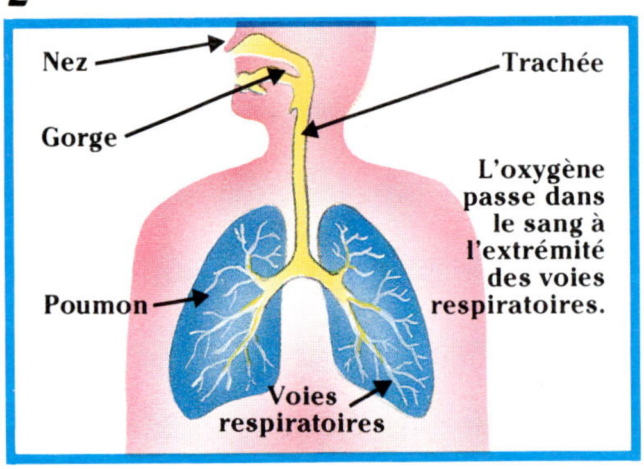

L'air que l'on respire doit être nettoyé avant d'arriver au fond des poumons. C'est le travail d'une substance gluante appelée mucus qui se trouve dans le nez et les voies respiratoires. Le mucus retient les poussières et les microbes tandis que des petits cils l'éloignent des poumons vers le nez et la gorge.

3

Le goudron dans la fumée du tabac irrite les voies respiratoires, les rétrécit, accroît la sécrétion de mucus et diminue l'efficacité des cils de sorte que mucus, poussières et microbes restent dans les poumons. Ceci est à l'origine de "la toux du fumeur", qui est en fait un symptôme de la bronchite (inflammation des voies respiratoires) et favorise l'infection des poumons.

4

90% des cancers du poumon touchent des fumeurs et on pense que le goudron en est la cause.

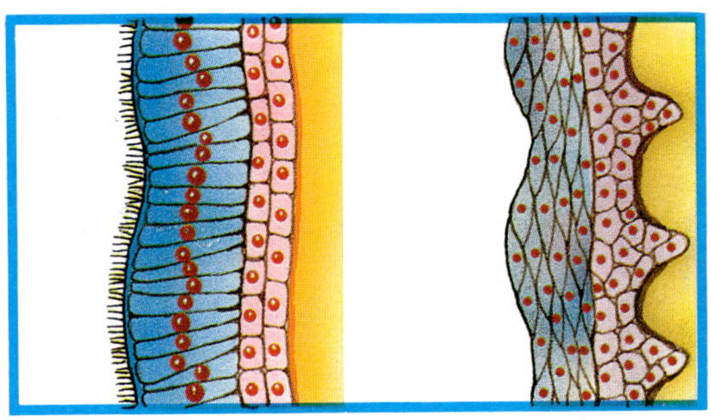

Cellules de poumon: saines : cancéreuses

5

La nicotine agit sur le cerveau et le système nerveux et est peut-être la substance à l'origine du plaisir de certains fumeurs. Elle donne le vertige et mal au coeur à ceux qui ne fument pas. La nicotine accélère les battements du coeur et rétrécit les vaisseaux sanguins, favorisant ainsi les maladies cardio-vasculaires.

L'alcool

L'alcool est une drogue qui ralentit les processus de fonctionnement du corps. A faible dose il détend et donne confiance. A haute dose il ralentit les réactions et affecte le jugement et la coordination; c'est pour cela qu'il est très dangereux de conduire en état d'ivresse. On peut avoir mal au coeur, le vertige, même perdre conscience, au risque de s'étouffer si l'on rend.

Alcools	Vin	Bière

Environ 40% d'alcool	Environ 12% d'alcool	Environ 5% d'alcool

Ces effets varient selon la concentration d'alcool dans la boisson. Les alcools tels que le whisky ou la vodka sont les plus forts, puis viennent le vin et ensuite la bière. La taille de la personne et son accoutumance à l'alcool entrent aussi en jeu. Les grands et forts résistent en général mieux que les petits.

Les conséquences à long terme sont: la prise de poids, car l'alcool contient des calories mais pas d'éléments nutritifs; l'inflammation de l'estomac, qui peut provoquer un ulcère; une affection du foie qui se ratatine (cirrhose); peuvent également être affectés: le cerveau, les reins et les muscles, dont le coeur.

Le cerveau de quelqu'un qui boit beaucoup lutte continuellement contre l'effet soporifique de l'alcool pour rester éveillé. Si la personne s'arrête de boire, le cerveau essaie de compenser, ce qui la rend excitée et nerveuse; elle tremble et s'agite jusqu'à ce qu'elle puisse boire de nouveau. C'est un exemple d'état de dépendance.

Les drogues illégales

Il existe des drogues qui sont très dangereuses et dont l'utilisation et la vente sont illégales (sauf sous strict contrôle médical). Parmi elles figurent l'héroïne et la cocaïne. Elles sont extrêmement toxiques et on doit les éviter à tout prix. La plupart des toxicomanes souffrent de sérieux troubles physiques et psychologiques. Certains en meurent. Ne croyez pas qu'une petite dose ne vous fera pas de mal. C'est faux. Ne croyez pas non plus que l'héroïne n'est dangereuse que si elle est prise sous forme de piqûre. En fumer et en respirer est tout aussi nocif. Si on utilise l'aiguille de quelqu'un d'autre pour se piquer, on augmente le risque d'infection par le virus du SIDA (voir page 44).

Méfiez-vous des noms d'argot dont on affuble de telles drogues, comme coke, neige. Si on vous offre une poudre bizarre ou des comprimés, refusez-les quels que soient leurs noms. N'acceptez pas non plus une cigarette que se passent plusieurs personnes. Elle contient peut-être du haschich, une autre drogue illégale (appelé aussi marijuana, kif, herbe), ou même de l'héroïne.

Respirer les drogues

Respirer les produits chimiques que contiennent la colle, l'essence ou les bombes aérosol a sur le système nerveux un effet similaire à l'alcool mais est encore plus dangereux. Il y a eu des cas de morts soudaines et inexpliquées de personnes qui avaient agi ainsi. Les produits chimiques sont extrêmement nocifs au cerveau, au foie, aux reins, aux poumons et aux os. Respirer quelque chose dans un sac en plastique peut provoquer la mort par suffocation.

Les autres drogues

N'importe quels comprimés, pilules, poudres et autres drogues que l'on peut acheter en pharmacie sans ordonnance, comme l'aspirine et les médicaments pour les rhumes, sont nuisibles à la santé et peuvent même provoquer la mort si on en prend trop et trop souvent. Ce sont des produits chimiques qui sont étrangers au corps. Si vous avez mal à la tête, peut-être vous allonger et vous détendre vous fera-t-il autant de bien que d'avaler une aspirine. Ne prenez jamais un médicament qui a été prescrit à quelqu'un d'autre.

L'hygiène corporelle

Il est encore plus important d'être propre pendant la puberté que pendant l'enfance. En effet, la peau sécrète davantage de substances qui risquent de provoquer des mauvaises odeurs ou même des problèmes de santé si on ne s'en débarrasse pas régulièrement.

La peau

Voici une coupe de la peau pour en voir la structure interne.

En surface: la surface de la peau s'appelle l'épiderme. La couche supérieure est faite de cellules mortes qui s'écaillent en permanence au contact des objets. Elles sont alors remplacées par des cellules neuves qui se forment dans une couche inférieure de l'épiderme.

Les glandes sébacées: elles produisent une substance huileuse, le sébum, qui lubrifie les poils et la peau, les rendant ainsi souples et imperméables. A la puberté, les glandes sécrètent davantage de sébum, ce qui rend les cheveux gras et donne des boutons.

Les glandes sudoripares: même lorsqu'on n'a pas chaud, les glandes sudoripares sécrètent continuellement de la sueur qui remonte à la surface de la peau et sort par les pores. Transpirer permet d'éliminer certains déchets et maintient le corps à la bonne température. A la puberté, on transpire davantage.

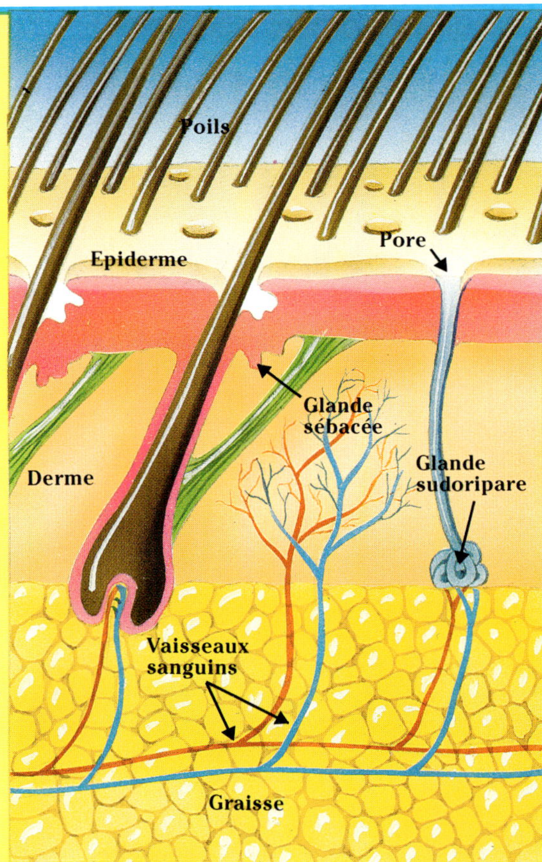

Se laver

Il faut se laver tous les jours pour se débarrasser de la saleté, de la peau morte, du sébum et de la sueur.

Les glandes sudoripares sont plus nombreuses sous les bras et autour de l'appareil génital, il faut donc faire la toilette de ces parties du corps journellement, même si l'on ne prend pas une douche complète.

Les aisselles

Beaucoup de gens transpirent énormément sous les bras, surtout lorsqu'ils sont excités ou énervés. L'utilisation d'un déodorant ou autre produit contre la transpiration empêche les mauvaises odeurs. Les déodorants ralentissent le développement des microbes sur la sueur et certains produits ferment les pores, diminuant ainsi la transpiration.

Les dents

On a généralement sa dentition complète et définitive vers 16 ans, sauf les dents de sagesse, qui poussent plus tard. Pour empêcher toute maladie des dents et des gencives, il faut se laver les dents au moins deux fois par jour. Les dents s'abîment parce qu'il y a dans la bouche des bactéries qui se nourrissent de sucre, se multiplient et forment une couche appelée plaque dentaire. Celle-ci contient des acides qui attaquent la dent et provoquent des caries; si on ne les soigne pas, on a mal à la dent, et il risque d'y avoir infection ou abcès; si la gencive est atteinte, la dent peut tomber. Il est donc important d'aller régulièrement chez le dentiste. Il faut aussi manger moins de sucre et utiliser un dentifrice au fluor, qui renforce les dents.

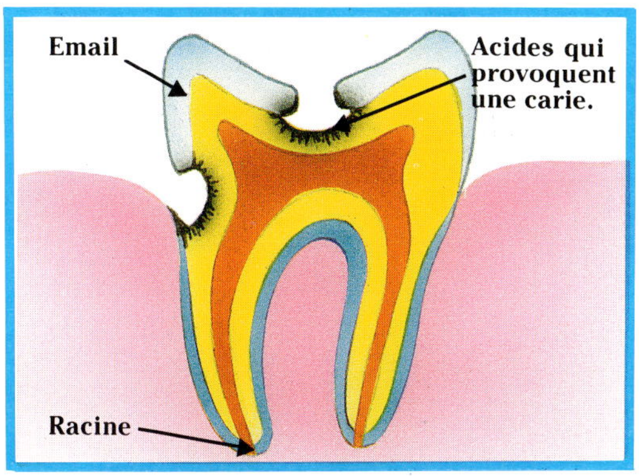

Comment se laver les dents

Il est important de nettoyer à fond plutôt que de frotter fort. Tenez la brosse légèrement inclinée et brossez de haut en bas, pas latéralement, à petits coups, pour que les poils aillent entre les dents. Faites tout le tour de la bouche et brossez le fond aussi bien que le devant. Dans ce cas, il est plus facile de tenir la brosse verticalement.

Il est contraire à l'hygiène de se servir de la brosse de quelqu'un d'autre (voir aussi page 44).

L'appareil génital

L'urine, les substances vaginales, le sang menstruel et le sperme sont propres, mais une fois sortis du corps il y a un risque d'apparition de bactéries, tout comme sur la sueur sécrétée à cet endroit. Ces bactéries peuvent pénétrer dans le corps par le vagin, l'orifice urinaire ou le pénis, donc il faut se laver tous les jours.

L'anus en particulier est plein de microbes, il est donc important, surtout pour les femmes, de se laver et se sécher d'avant en arrière pour ne pas contaminer la région du vagin ou de l'urètre. Les hommes doivent rouler la peau du prépuce et nettoyer dessous.

Utilisez un savon doux et de l'eau tiède. Evitez les déodorants ou autres produits sur les organes génitaux, ils peuvent provoquer irritation et infection. Mettez toujours des sous-vêtements propres après la toilette.

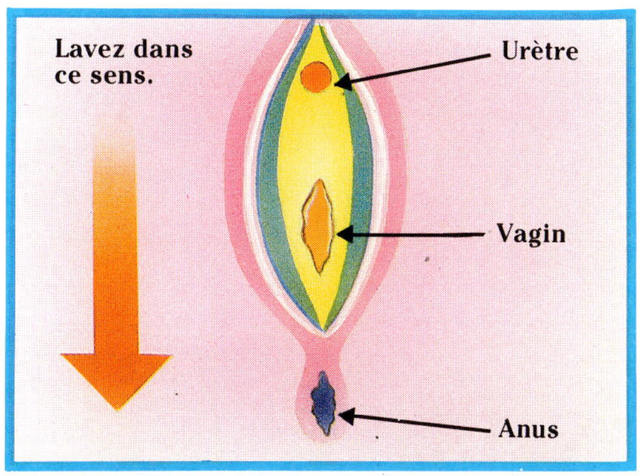

Les pertes

Il est normal, pour une femme, d'avoir des pertes vaginales. Elles proviennent du liquide lubrificateur du vagin ainsi que du liquide sécrété par le col de l'utérus pendant le cycle menstruel. Elles peuvent être d'une couleur claire ou laiteuse et sont pratiquement inodores. Certaines filles ont des pertes blanchâtres quelques mois avant le début de leurs règles.

Si vos pertes deviennent plus abondantes ou plus épaisses, si elles changent de couleur ou commencent à sentir, si cela vous gratte ou vous brûle, c'est probablement parce que les bactéries qui vivent habituellement dans le vagin ont proliféré, causant une infection. On vous soignera avec des ovules ou des antibiotiques. Les hommes doivent aussi consulter le médicin s'il y a pertes par le pénis.

Le visage

Les dermatologues estiment que le savon ne convient pas à la peau du visage parce que c'est un détergent qui déssèche trop le sébum. D'un autre côté, les adolescents ont tendance à avoir un excès de sébum et les laits nettoyants et autres lotions donnent souvent des boutons, tout en étant chers. A vous de trouver ce qui convient le mieux à votre type de peau.

Les boutons

On pense que les changements des taux hormonaux à la puberté amènent les glandes sébacées à sécréter davantage de sébum. Ces glandes sont plus nombreuses sur le visage et dans le dos. La testostérone est probablement l'hormone la plus concernée, d'où le fait que les hommes ont davantage de boutons (acné) que les femmes.

Si le sébum s'accumule à l'entrée de la glande, on a un point noir. S'il s'accumule sous la surface, on a un bouton rouge ou purulent. Il peut y avoir infection par des bactéries.

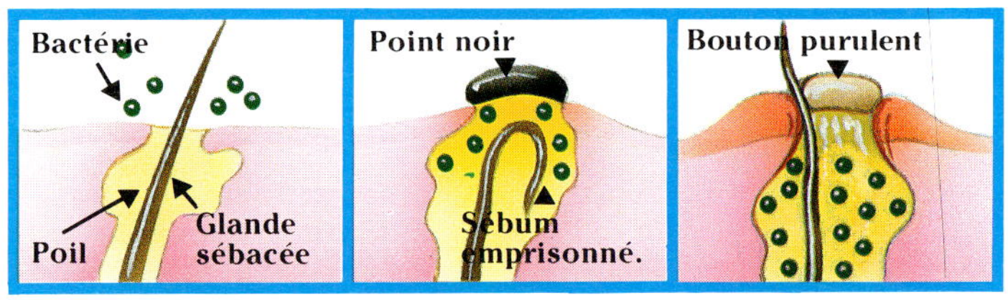

Si vous avez tendance à avoir des boutons, lavez-vous fréquemment le visage avec un savon doux, non parfumé ou antiseptique et de l'eau tiède. Les rayons ultraviolets du soleil désinfectent également et peuvent faire du bien. Le maquillage gras est déconseillé. Evitez certains aliments tels que frites ou chocolat, vous aurez peut-être moins de boutons. Les hommes peuvent essayer d'essuyer leur rasoir avec un produit antiseptique après s'être rasés. Si vous avez vraiment beaucoup de boutons, consultez un médecin.

En principe, on ne doit pas presser les boutons au risque d'abîmer la peau et d'étendre l'infection. Si vous le faites, lavez-vous soigneusement les mains et limitez-vous aux points noirs.

Les cheveux

Il faut se laver la tête pour débarrasser les cheveux de la saleté, des cellules mortes, du sébum et de la sueur. C'est la quantité de sébum sécrétée qui détermine si l'on a les cheveux gras ou secs. Il faut laver des cheveux gras plusieurs fois par semaine, une fois peut suffire pour des cheveux secs. Les pellicules sont des cellules mortes qui proviennent de la tête. Elles sont plus courantes chez les personnes à cheveux secs. Ce n'est pas une infection et un shampooing "traitant" ne servira à rien. Si vous en avez beaucoup, allez chez le médecin.

Les ongles

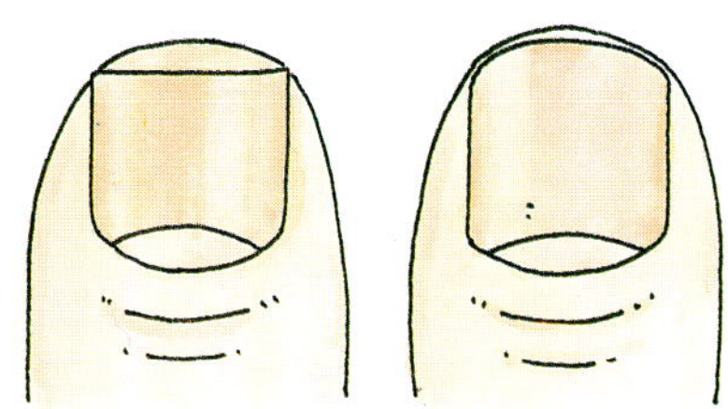

Ayez des ongles bien propres en les frottant en dessous avec une brosse à ongles.

Coupez-vous les ongles des mains avec des ciseaux ou une pince à ongles, ou limez-les avec une lime en toile émeri. Celles en métal risquent de casser les ongles. S'ils se cassent facilement, gardez-les courts.

Pour les ongles des pieds, il vous faut des ciseaux coupants. Taillez les ongles bien droits. Si vous les arrondissez, le côté de l'ongle pousse dans la chair et s'il déchire la peau, il peut y avoir infection. C'est l'ongle incarné.

Les sentiments pendant l'adolescence

A mesure que l'on mûrit physiquement et psychologiquement, on devient plus indépendant et les rapports avec l'entourage changent également. Certains adolescents trouvent parfois cela assez pénible.

Pour vous aider, pensez que d'autres connaissent les mêmes problèmes que vous et que les personnes plus âgées ont probablement vécu des expériences semblables à un moment ou à un autre. Les transformations du corps, sur lesquelles on n'a aucun contrôle, n'arrangent certainement pas les choses.

Indépendance

A mesure que vous "grandissez", vous voulez être davantage responsable de votre vie et de vos actes. Cela peut créer des conflits avec vos parents, qui doivent se faire à l'idée que vous devenez plus indépendant.

Identité

Se poser des questions sur sa personnalité et sur ce que l'on veut être ou faire plus tard est une des caractéristiques de l'adolescence. On peut se sentir seul et désemparé avant d'arriver à se sentir bien dans sa peau d'adulte.

Amis

Les adolescents ont en général pas mal d'amis. Si vous êtes tout un groupe, cela peut être sympathique. Mais méfiez-vous si vous avez le sentiment que vous devez toujours faire ce que fait le reste du groupe, surtout si vous n'êtes pas à l'aise ou si vous n'êtes pas satisfait.

Humeur

Il peut vous arriver d'avoir le cafard et d'être de mauvaise humeur. Cela est dû en partie au changement des taux hormonaux. En principe les choses s'arrangent à mesure que vous vous habituez à votre corps et à vos sentiments d'adulte.

Timidité

Beaucoup d'adolescents sont très timides. Ils manquent d'assurance physiquement et psychologiquement. Ceci varie suivant les individus, de même que la façon dont ils réagissent. N'oubliez pas que les autres sont souvent aussi timides, même s'ils ne le montrent pas.

Le SIDA

Qu'est-ce que le SIDA?

Ces lettres signifient Syndrome Immuno-Déficitaire Acquis. Le système immunitaire d'une personne, qui la protège des maladies, ne fonctionne plus. Elle risque donc d'attraper des maladies contre lesquelles elle arriverait normalement à lutter, et ces maladies peuvent être mortelles.

Quelle est la cause du SIDA?

Le SIDA est provoqué par le virus HIV. On n'en connaît pas vraiment l'origine. Un grand nombre des personnes atteintes du virus dans les pays occidentaux sont des homosexuels, mais pas toutes. En Afrique, il touche aussi bien les hommes que les femmes. Jusqu'à présent, seule une partie des personnes porteuses du virus sont devenues des malades du SIDA.

Comment agit le virus du SIDA?

Lorsqu'on attrape un virus quel qu'il soit, certains globules blancs du corps produisent des anticorps qui attaquent et tuent le virus. Le virus du SIDA détruit ces globules blancs, de sorte que la personne ne peut plus se défendre contre les infections.

Comment le virus est-il transmis?

Le virus vit dans des liquides du corps tels que le sperme ou le sang. Il peut être transmis d'une personne à une autre de deux façons. L'une est lorsque le sperme contaminé va dans le corps d'une autre personne lors d'un rapport sexuel.

L'autre est lorsque le sang d'une personne contaminée passe dans le corps d'une autre. C'est pour cela que les drogués qui se piquent tous avec la même aiguille sont particulièrement en danger.

Les femmes porteuses du virus peuvent le passer à leur bébé lors de la grossesse, à la naissance ou même par le lait maternel.

Le SIDA et la recherche médicale

On sait à présent beaucoup de choses sur le virus, mais on n'a pas encore trouvé de remède. Les médecins arrivent à savoir si quelqu'un est porteur du virus en analysant son sang pour voir s'il contient des anticorps anti-HIV. On fait des recherches pour essayer de mettre au point des médicaments plus efficaces pour soigner les malades du SIDA et pour trouver un vaccin afin d'immuniser les populations. En attendant, on conseille les gens sur les mesures à prendre pour diminuer le risque d'attraper le virus.

Quelles mesures contre le SIDA?

Moins on a de partenaires sexuels, moins on risque de se trouver en contact avec quelqu'un qui est porteur du virus. Si l'autre personne est contaminée, toute forme de rapport sexuel est dangereuse. L'utilisation d'un préservatif, avec en plus un spermicide, est une précaution non négligeable.

A cause du risque de recevoir du sang contaminé, tout ce qui perce la peau est dangereux et doit donc être stérilisé comme il faut. Ceci comprend le matériel pour percer les oreilles, les aiguilles pour les tatouages et l'acupuncture.

Les drogués qui se piquent ne doivent pas utiliser la même aiguille.

Mieux vaut éviter de se servir du rasoir ou de la brosse à dents de quelqu'un d'autre (beaucoup de gens ont les gencives qui saignent en se lavant les dents).

Pour en savoir un peu plus . . .

Le virus du SIDA ne survit qu'un court laps de temps à l'extérieur du corps, donc il n'est pas transmis par contact ordinaire. On n'attrapera pas le virus si on touche une personne contaminée ou tout ce dont elle se sert comme serviettes ou toilettes.On ne connaît pas de cas de virus transmis par la salive, par exemple en s'embrassant ou en utilisant la même cuillère, ou par les larmes, bien que toutes deux soient des liquides corporels. Quoique le virus puisse vivre dans ces liquides, il semble qu'il ne soit pas transmis par eux. Les piscines sont également sans danger car le chlore tue le virus.

Dans beaucoup de pays, les aiguilles et les seringues dont se servent docteurs, infirmières, dentistes et autres membres du service médical sont toujours stérilisées avant chaque malade; on utilise une aiguille neuve pour chaque donneur dans les centres de transfusion sanguine et avant de donner le sang à quelqu'un qui en a besoin, on vérifie qu'il n'est pas contaminé.

Glossaire

Voici une liste de mots que vous risquez de rencontrer et dont vous ignorez peut-être le sens. S'il y a un mot que vous ne trouvez pas dans le glossaire, cherchez-le dans l'index, il est peut-être expliqué à l'intérieur du livre.

Acné. Ce sont les nombreux boutons que l'on a sur le visage, le haut de la poitrine, le dos et les épaules pendant la puberté. Il y a à la fois des boutons purulents et des points noirs, dûs probablement à l'activité hormonale.

Adultère. Rapport sexuel entre une personne mariée et quelqu'un qui n'est pas son mari ou sa femme.

Aménorrhée. Absence de règles.

Aphrodisiaque. Substance qui accroît le désir sexuel.

Attentat à la pudeur. Lorsque l'on fait des propositions sexuelles importunes à quelqu'un.

Blennorragie. L'une des maladies contagieuses vénériennes les plus répandues, que l'on guérit généralement par des antibiotiques.

Capote anglaise. Nom familier des préservatifs masculins.

Castration. Opération par laquelle on prive un homme ou une femme de la faculté de se reproduire.

Chasteté. Continence.

Coït. Accouplement de l'homme et de la femme.

Continence. Etat d'une personne qui s'abstient d'avoir des rapports sexuels.

Contrôle des naissances. Contraception.

Copulation. Accouplement de l'homme et de la femme.

Cystite. Inflammation de la vessie, qui provoque des brûlures lorsqu'on urine. La cystite est une infection due à une bactérie et elle touche davantage les femmes que les hommes.

D.I.U. Dispositif intra-utérin.

Ejaculation prématurée. Lorsque l'homme atteint l'orgasme et éjacule trop rapidement.

Erotique. Qui a rapport à l'attrait sexuel; qui provoque le désir sexuel.

Exhibitionniste. Personne qui exhibe ses organes génitaux en public.

Féministe. Une personne qui veut améliorer la situation de la femme et accroître ses droits.

Film pornographique. Voir *pornographie.*

Gynécologue. Médecin spécialiste des maladies du système reproducteur des femmes.

Hermaphrodite. Quelqu'un qui est doté à la fois des caractères sexuels mâles et femelles.

Herpès génital. Appelé également herpès de type 2 ou G. Maladie sexuellement transmissible que l'on ne sait pas encore guérir. Il n'y a aucun rapport entre ce genre d'herpès et l'herpès dit de type 1 ou H qui affecte la face ou le pharynx.

Hystérectomie. Ablation de l'utérus.

Impuissance. Incapacité, pour l'homme, d'avoir une érection ou d'atteindre l'orgasme.

Inceste. Rapport sexuel entre deux personnes qui ont une parenté trop proche pour pouvoir se marier, par exemple un frère et une soeur, un père et sa fille.

Libido. Pulsions sexuelles.

Macho ou Phallocrate. Homme sexiste (voir ce mot) qui considère que les femmes sont inférieures aux hommes et qu'elles ne doivent pas avoir les mêmes droits qu'eux.

Maison de prostitution. Endroit où les prostituées ont des rapports sexuels avec leurs clients.

Masochiste. Quelqu'un qui prend plaisir lorsqu'on lui inflige une souffrance physique.

Méthodes de contraception peu sûres. Méthode Ogino (du nom du médecin japonais qui l'a préconisée): elle consiste à calculer la date approximative de l'ovulation avec un calendrier. Méthode du retrait ou rapport interrompu: l'homme retire le pénis avant l'éjaculation. Méthode de la température: la femme repère la période de l'ovulation en prenant régulièrement sa température. Ces méthodes sont plus ou moins sûres.

Muguet vaginal. C'est une maladie sexuelle très répandue, qui affecte seulement les femmes et peut se développer sans contact sexuel. Elle est provoquée par une levure (champignon) dans le vagin. Elle se traduit par des pertes, une démangeaison ou une brûlure lorsqu'on va aux toilettes. On la soigne avec des antibiotiques sous forme d'ovules.

Nymphomane. Femme qui a des désirs sexuels exagérés.

Odeur corporelle. Due au fait que l'on ne se lave pas assez.

Pédophilie. Attraction sexuelle d'un adulte pour les enfants.

Perversion. Activité sexuelle anormale.

Phallocrate. Voir *Macho.*

Phallus. Image du pénis en érection. Si l'on dit de quelque chose qu'elle est phallique, c'est qu'elle ressemble à un pénis en érection.

Phtiriasis. Maladie sexuellement transmissible due à un pou, le pou du pubis, qui vit dans les poils pubiens.

Planning (ou *planisme) familial.* Contrôle des naissances dans un foyer.

Platonique (amitié). Amitié non sexuelle.

Pornographie. Ecrits, dessins, etc. destinés à exciter sexuellement.

Position du missionnaire. On peut se mettre dans plusieurs positions lorsqu'on a un rapport sexuel. La plus répandue est lorsque l'homme et la femme se font face, l'homme étant sur la femme.

Prostitution. Le fait d'échanger des plaisirs sexuels contre de l'argent.

Racoler. Se dit d'une prostituée qui fait des avances à quelqu'un en public en lui proposant ses "services" contre de l'argent.

Rapport interrompu. Méthode de contraception qui consiste à retirer le pénis avant l'émission des spermatozoïdes.

Reproduction. Fonction par laquelle les êtres vivants produisent d'autres êtres vivants semblables à eux-mêmes.

Sadique. Quelqu'un qui prend plaisir à faire souffrir.

Sévices sexuels sur un enfant. C'est lorsqu'on maltraite un enfant de moins de 16 ans, en particulier en l'obligeant ou en le persuadant à accomplir des actes sexuels. Ceci est illégal dans de nombreux pays et il existe des organismes qui aident les enfants ayant subi de tels abus.

Sexisme. Attitude de discrimination à l'égard du sexe féminin.

SIDA. Syndrome Immuno-Déficitaire Acquis. Voir page 44.

Soixante-neuf. Lors d'un rapport sexuel, position du corps des deux partenaires (d'où le nom) selon laquelle il y a stimulation orale réciproque de l'appareil génital.

Stérilet. Dispositif anticonceptionnel que l'on introduit dans l'utérus.

Stérilité. Incapacité d'avoir des enfants.

Syphilis. Maladie vénérienne très grave, rare de nos jours, que l'on soigne par des antibiotiques.

Transsexuel. Personne qui a le sentiment d'appartenir au sexe opposé et désire changer de sexe; personne qui a changé de sexe, à la suite d'une opération.

Travesti. Homosexuel habillé comme une femme.

Urétrite. Inflammation de l'urètre, le canal qui va de la vessie à l'extérieur du corps. Maladie surtout masculine.

Vagin. Conduit qui s'étend de l'utérus à la vulve.

Vérole. Nom populaire de la syphilis.

Vierge. Quelqu'un qui n'a jamais eu de rapport sexuel.

Viol. Il consiste à forcer une femme à avoir un rapport sexuel contre sa volonté.

Voyeur. Quelqu'un qui tire un plaisir sexuel à observer en cachette les activités sexuelles d'autres personnes.

Index